Guerre de 1870-1871

RÉCIT

D'UN

ÉVADÉ D'ALLEMAGNE

PAR

PHILIBERT, DE TOURNUS

PARIS
ANCIENNE MAISON DOUNIOL
H. CHAPELLIEZ ET C¹ᵉ
LIBRAIRES-ÉDITEURS
Rue de Tournon, 29

1888

RÉCIT

D'UN

ÉVADÉ D'ALLEMAGNE

Guerre de 1870-1871

RÉCIT

D'UN

ÉVADÉ D'ALLEMAGNE

PAR

Philibert, de Tournus

PARIS
ANCIENNE MAISON DOUNIOL
H. CHAPELLIEZ ET Cie
LIBRAIRES-ÉDITEURS
Rue de Tournon, 29

1888

AVERTISSEMENT

Plusieurs auteurs ont fait connaître les péripéties des batailles livrées par l'armée du Rhin ; mais aucun d'eux n'a parlé, que je sache du moins, de l'armée de Metz prisonnière.

Un certain nombre de personnes que j'affectionne et que j'ai tout lieu de supposer sincères, auxquelles j'ai eu l'occasion de faire connaître les souffrances et les humiliations de toutes sortes, endurées par les sous-officiers et les soldats de cette armée prisonnière, ainsi que les détails de mon évasion d'Allemagne, m'avaient engagé, il y a plus de dix ans, pour la première fois, à écrire le récit de cette évasion, en remontant, toutefois, au début de mon entrée en campagne : j'ébauchai donc ce travail il y a plusieurs années.

Mais comme, avant de le terminer, j'aurais désiré revoir les pays que j'ai parcourus au milieu des baïonnettes prussiennes et en m'évadant, j'avais formé le projet de faire ce voyage. Plusieurs circonstances, notamment l'emploi auquel je suis attaché, m'en ont empêché, et mon récit s'est trouvé ainsi ajourné jusqu'à ce jour.

Après l'affaire Schnœbelé, je compris qu'il ne fallait plus espérer pénétrer en Allemagne, sans s'exposer à être arrêté comme espion et que je n'avais qu'à déchirer mon ébauche, ou à terminer mon travail avec les documents que je possédais. Mon courage l'a emporté sur mon désappointement et je me suis remis à l'œuvre, tout en me réservant de compléter plus tard mon récit, en y ajoutant des choses très intéressantes.

Je commence, comme mes amis l'ont désiré, au départ en campagne de mon régiment ; mais je ne ferai qu'effleurer le voyage de Paris à Metz ; je ne parlerai aussi que pour mémoire des batailles de Gravelotte et de Saint-Privat, ainsi que des combats de Ladonchamps ; je ne dirai que quelques mots de notre séjour à Metz. De sorte que mon récit ne commencera en réalité qu'à l'époque de la capitulation.

Les Prussiens seront appréciés comme ils le méritent ; j'en rencontrai rarement de bons, mais j'en trouvai cependant.

Je m'attacherai à reproduire, autant que possible, les impressions que j'ai ressenties dans le métier militaire, avant et pendant ce triste moment de ma vie, qu'elles me soient favorables ou non.

Je suis sans prétention quant au style, dans lequel on remarquera facilement l'homme qui n'a jamais rien écrit et qui ne possède, par conséquent, aucune méthode.

Mon seul mérite, si la critique m'en accorde

quelque peu, sera d'avoir été impartial et de n'avoir reproduit que des choses vraies. Sur ce point, je crois être à l'abri de tout reproche, et c'est tout ce que je puis et veux envier.

Je diviserai mon récit en deux parties ; la première partie commencera à mon départ en campagne pour finir à mon arrivée au lieu de mon internement ; la seconde comprendra mon séjour en Prusse et mon évasion.

Dans la première partie, je m'attacherai à faire connaître la douleur de la troupe lorsqu'on la sépara de ses armes et du drapeau ; les impressions que j'ai éprouvées en présence de ce symbole, sa grandeur et ce que nous lui devons tous ; la scène déchirante qui se passa au moment de notre remise à l'ennemi ; l'acte de sauvagerie commis sur un vieillard à Malroy, par un dragon prussien ; enfin les atrocités dont furent victimes nos pauvres malades, tombant de misère sur les routes, roulant dans les fossés, mourant sous les coups de pied des Teutons.

Dans la seconde partie, je tâcherai de montrer le tableau de l'île de Buderich. Je conduirai le lecteur à travers cet enfer, dans le but de lui faire embrasser d'un coup d'œil l'ensemble des souffrances que nous y avons endurées. Je relaterai l'arrestation, à Wesel, d'un groupe de sous-officiers, dont je faisais partie, notre séjour à la prison, mes projets de fuite, enfin l'évasion périlleuse que j'effectuai avec deux sous-officiers de dragons.

RÉCIT D'UN ÉVADÉ D'ALLEMAGNE

RÉCIT

d'un

ÉVADÉ D'ALLEMAGNE

PREMIÈRE PARTIE

CHAPITRE I

ÉVÉNEMENTS QUI ONT PRÉCÉDÉ LA CAPITULATION

Le régiment auquel j'appartenais était caserné au fort de Vincennes, quand il reçut l'ordre, le dix août, de partir le lendemain, à la première heure, pour rejoindre l'armée du Rhin.

Dans la matinée, il se rendit à la gare de l'Est, où nous montâmes en wagons. Le train, parti vers onze heures de Paris, arrivait à Metz le treize à deux heures du matin environ. On nous fit descendre à la gare de Devant-les-Ponts et bivouaquer à proximité de cette gare. Le matin on nous conduisit à l'ouest de Woippy, sur un plateau, dans les vignes, où nous demeurâmes le quatorze août. Je viens d'apprendre que les Prussiens auraient fait construire à cet endroit le fort Kameke. Dans l'après-midi du quatorze, vers trois ou quatre heures, le canon se fit entendre dans la direction de Borny. Le colonel fit aussitôt prendre les armes et le régiment descendit dans la vallée de la Moselle, afin de se rapprocher du lieu de l'action et d'être en mesure de se porter rapidement sur le champ de bataille, au premier avertissement. Le grondement du canon et la vue des flocons de fumée blanche produits par les projectiles de toutes sortes en éclatant, m'impressionnèrent beaucoup, à tel point qu'on eût pu croire que j'avais peur. Il n'en était rien cependant, je puis l'affirmer, attendu que je désirais ardemment être en présence de l'ennemi, afin d'assister à la bataille. La vue de ce spectacle était grandiose. Le bruit du canon, et il tonnait fort, ainsi que le grincement des mitrailleuses, semblable à un déchirement de toile, produisaient quelque chose d'infernal.

Je me rendis avec plusieurs sous-officiers dans l'île Chambière, un peu en avant du régiment qui était au repos dans les champs, afin de voir rentrer les blessés. Ces malheureux étaient couverts de poussière, et quelques-uns avaient des blessures hideuses. La vue de ces hommes défigurés, tout maculés de sang, m'attrista beaucoup et me fit éprouver une émotion indéfinissable. Le soir, on nous fit remonter à Woippy, où nous passâmes la nuit.

Le quinze, le régiment quitta le campement à cinq heures du matin, pour se diriger du côté de Gravelotte ; il suivit, autant que je puis me souvenir, la route de Verdun qui passe au sud du fort Saint-Quentin. Avant le départ, les réservistes n'ayant pas de jeu d'accessoires de rechange pour le fusil Chassepot, on avait dû dédoubler ceux des anciens soldats pour les munir des pièces indispensables.

En traversant le bourg de Gravelotte, nous vîmes l'Empereur dans le fond d'une cour. Pas un cri ne fut poussé, bien que ce fût sa fête. Celui qu'on avait tant acclamé quelques années auparavant excitait à peine la curiosité. Il avait été vaincu : il était tombé dans l'oubli.

La journée fut écrasante de chaleur et de fatigue ; nous campâmes tout près de Rezonville, le long du ruisseau qui se trouve entre ce village et Gravelotte.

Le lendemain matin, à neuf heures vingt minutes, au moment où nous allions déjeuner, le canon se fit entendre. Un instant après, des chevaux affolés, couverts de sang et ayant perdu leurs cavaliers, arrivèrent au galop dans nos tentes : la bataille était commencée. Le colonel fit prendre les armes et quelques minutes après nous étions en présence de l'ennemi. Le régiment se porta derrière Rezonville : ce fut là que je reçus, ainsi que la majeure partie de mes camarades, le baptême du feu : et quel baptême ! Les obus pleuvaient dans nos rangs et faisaient des ravages épouvantables. A ce moment mon émotion fut grande, je sentis un frisson m'agiter et mes cheveux se dresser à la vue des blessures hideuses produites par ces projectiles. Je ne pus m'empêcher de saluer les obus qui passaient près de moi ; je remarquai que mes camarades qui n'avaient jamais été au feu, en faisaient autant : c'est instinctif. Je n'entrerai pas dans les détails de la bataille, ce qui n'est point dans mon plan ; je dirai seulement, en passant, que deux sous-lieutenants et un lieutenant de mon régiment étaient assis près de moi, quand un obus vint tomber au milieu d'eux et tuer les deux sous-lieutenants ; le lieutenant ne fut pas tué sur le coup, mais il eut le ventre ouvert et ses entrailles s'étalèrent sur le sol ; en outre, le feu prit à ses vêtements. La bataille, avec toutes ses horreurs, dura toute la journée et le canon fit rage.

Ainsi que je l'ai dit, je n'ai pas l'intention d'entrer dans les détails de cette grande lutte. Je citerai seulement un fait de nature à montrer ce qu'étaient les troupes de l'armée de Metz.

Au plus fort de la bataille, au moment où l'infanterie prussienne cherchait à sortir du bois des Ognons pour venir occuper le village de Rezonville, derrière lequel une partie du 6e corps d'armée était couché, le bataillon des zouaves de la Garde se déploya en tirailleurs en avant de notre division, afin d'arrêter l'ennemi. Cette troupe d'élite exécuta plusieurs déploiements et ralliements avec une précision et un sang-froid qui firent notre admiration. Plusieurs tombèrent sous les balles, mais les Prussiens furent forcés de rentrer dans leurs retranchements, j'allais dire dans leurs repaires.

Le régiment auquel j'appartenais se retira, vers huit heures et demie, un peu en arrière de Rezonville, afin de ne pas rester au milieu des morts, et il campa sur l'emplacement qu'il avait occupé le matin.

Le lendemain, dix-sept août, nous marchâmes toute la journée, pour nous rendre à Saint-Privat, où nous arrivâmes la nuit.

Comme nous n'avions pas reçu de vivres, je me rendis dès le matin, avec d'autres sous-officiers, dans un village pour tâcher de trouver du pain et du vin à acheter. En revenant, vers dix heures, je rencontrai le chef de bataillon B... qui m'attendait pour écrire une lettre à l'intendant, à l'effet de lui faire connaître que trois chevaux appartenant aux officiers du régiment avaient été tués en chemin de fer, en venant de Paris à Metz. Je m'assis par terre, à l'ombre de la tente de cet officier supérieur, pour écrire sous sa dictée. Nous avions à peine terminé quand un obus vint éclater près de nous ; à ce projectile en succédèrent plusieurs autres, et l'affaire s'annonçait comme devant être sérieuse ; car nous étions sous le tir des batteries prussiennes, qui étaient établies à deux ou trois kilomètres. Le régiment prit les armes pour se porter en avant. Les obus pleuvaient ; je saluai encore les premiers, mais cela ne dura pas longtemps : j'étais aguerri et bien aguerri. Comme je n'appartenais à aucun bataillon, je me joignis, ainsi que je l'avais fait déjà à Gravelotte, à la 2ᵉ compagnie du bataillon du commandant B... A un moment critique, ce chef de bataillon demanda deux sous-officiers de bonne volonté, mais sans dire ce qu'il attendait d'eux. Le sergent-major N... et moi, nous nous levâmes (tout le monde était couché dans les sillons) pour nous mettre à sa disposition.

Cet officier supérieur nous dit de nous porter en avant avec quelques hommes, afin de tâcher d'atteindre une batterie prussienne qui nous faisait horriblement souffrir. Je ne crois pas utile de répéter les quelques paroles d'encouragement que cet officier nous adressa, paroles que j'ai gardées et que je garderai secrètes. Au même instant, une volée de coups de canon vint nous écraser et le bataillon chancela. Le commandant B.... s'en aperçut et, de désespoir, il saisit un clairon pour sonner la charge ; il n'en eut pas le temps, car au moment où il portait le clairon à ses lèvres, une balle vint le frapper en plein front et le foudroyer.

Cet officier supérieur, qui n'avait certainement pas plus de trente-six ans, bien qu'il fût en possession de son grade depuis plusieurs années déjà, avait un avenir des plus brillants. Quelques instants avant de mourir, il nous avait montré une ferme, située entre son bataillon et Saint-Privat, et nous avait dit ces paroles : « Mes « enfants, quand nous ne pourrons plus tenir ici, « nous nous retirerons derrière ces bâtiments, « et là, nous nous ferons tuer jusqu'au dernier. » Il l'eût fait, et pas un de nous n'eût manqué de saisir l'occasion de mourir à côté d'un tel chef.

A ma rentrée en France, je fus, pour la seconde fois, secrétaire du colonel de mon régiment, à qui j'aurais peut-être dû faire connaître l'héroïsme de cet officier supérieur. Je ne le fis pas, j'eus tort. Le sergent-major N..., mort, quelques années après la guerre, du mal qu'il y avait contracté, avait également gardé la chose secrète ; tous les soldats qui étaient présents ont peut-être disparu aussi, de sorte que la mort enviable du commandant B.... est restée une mort ordinaire. Si, après dix-sept ans, je rappelle la conduite de cet officier supérieur, si je relate les circonstances de sa mort ignorée, c'est afin de montrer une fois de plus que, sauf de très rares exceptions, il n'y eut que des braves parmi nos officiers.

Le soir, après la retraite, mon régiment se retira du côté de Metz.

Le vingt-six août, le colonel reçut l'ordre de faire franchir la Moselle par son régiment et de le conduire dans la direction du fort Saint-Julien. Suivant mon habitude, je me joignis à une compagnie.

Le soir, nous rentrâmes à notre campement, sans avoir inquiété les Prussiens, un orage épouvantable étant venu empêcher l'attaque.

Le trente et un août, l'opération qui avait été manquée le vingt-six fut reprise, et un combat eut lieu à Servigny ou Sainte-Barbe ; les troupes bivouaquèrent sur place.

Le lendemain matin, premier septembre, les Prussiens qui s'étaient renforcés attaquèrent nos positions. Le feu cessa des deux côtés vers midi et nous rentrâmes à notre campement. Sauf quelques attaques du côté du château de Ladonchamps, ce fut fini. Il n'y avait plus qu'à mourir de faim et à attendre la capitulation.

A cette époque, le trente et un août, nous manquions déjà de vivres ; pendant le combat de Servigny, un convoi chargé de pain fut dévalisé par les soldats affamés.

Dès les premiers jours de septembre, la ration fut diminuée de moitié, vers le quinze elle ne fut même plus distribuée régulièrement ; enfin, un peu avant la fin de septembre, on cessa de nous donner du pain et on commença à nous donner du cheval.

Au commencement d'octobre, les sous-officiers et les soldats reçurent du blé, qu'ils écrasaient dans leurs moulins à café ; cela dura pendant quelques jours ; il y eut aussi une distribution de pommes de terre, une pour deux hommes, puis une distribution d'amidon. A partir du dix octobre, la troupe ne mangea plus que du cheval cuit dans de l'eau, sans sel, sans poivre, sans légumes. La ration alla toujours en diminuant. Le sel avait manqué dès les premiers jours du blocus.

La capitulation était donc inévitable et il fallait s'attendre à cette fin lamentable.

CHAPITRE II

CAPITULATION. — VERSEMENT DU MATÉRIEL DE GUERRE ET DU DRAPEAU.

Depuis quelques jours déjà, le bruit circulait, à tort ou à raison, dans le 6ᵉ corps d'armée, dont mon régiment faisait partie, que la reddition de la place de Metz avait été signée par le maréchal Bazaine ; mais la capitulation ne fut notifiée dans les régiments que le vingt-sept octobre. On a affirmé, depuis, qu'avant cette date, les chefs de corps n'avaient pas eu connaissance de cette nouvelle funeste.

Chaque colonel ou chef de bataillon de chasseurs à pied reçut, ce même jour, du général de brigade, l'ordre de faire mettre les armes des troupes placées sous son commandement dans le plus grand état de propreté, avant d'en opérer le versement, dont la date et l'heure seraient fixées ultérieurement. Des revues furent, en conséquence, passées immédiatement dans chaque compagnie de mon régiment, afin de s'assurer que l'armement était au complet et prêt à être versé. Les armes du 6e corps (commandant maréchal Canrobert), et celles d'une partie de la garde impériale, campée près de mon régiment, devaient être déposées au fort Plappeville, le plus à proximité de nous, en commençant par notre division.

Le jour de la remise des armes, les sous-officiers et les soldats tombèrent dans un accablement profond. Car quelle est la grande mission du militaire? défendre le sol de la patrie. Que faut-il pour défendre le sol de la patrie? des armes. En retirant au militaire ses armes, on annule sa profession, et il n'a plus sa raison d'être. C'est ce que comprirent les sous-officiers et les soldats au moment où on leur enleva ce qu'ils avaient de plus cher après le drapeau, deux choses sacrées qu'ils avaient espéré, sinon conserver, du moins détruire. Espoir vain : le drapeau, comme les armes, comme l'honneur, étaient entre les mains d'un général qui devait tout sacrifier à une cause inconnue.

Ces hommes étaient prêts à verser leur

sang jusqu'à la mort, les armes à la main, mais les rendre humblement, voilà ce qui était au-dessus de leur courage. Le moment de leur retrait fut donc terrifiant. Peu de sous-officiers et de soldats eurent assez d'énergie pour supporter cette humiliation sans montrer une douleur déchirante. Les larmes qui furent versées en dirent plus long que je ne saurais l'exprimer. Le plus grand nombre d'entre nous ne se séparèrent qu'en gémissant de ces armes que, quelques semaines plus tôt, ils avaient portées avec tant de valeur. La France nous les avait confiées couvertes de gloire ; un général à jamais maudit devait nous les retirer pour les souiller.

J'étais occupé à mes écritures, lorsque le sapeur chargé de l'entretien de mon équipement vint me réclamer mon fusil. Je ne compris pas sa demande, j'ignorais l'acte du maréchal Bazaine. Il m'apprit tout. Je restai cloué sur place en apprenant cette forfaiture. Ce sapeur qui portait sur sa poitrine les médailles de Crimée et d'Italie, ainsi que la médaille militaire et qui n'avait jamais assisté qu'à des victoires, me parut aussi malheureux que moi. Il me regarda sans dire un mot : ma douleur l'avait paralysé. Il fallait en finir cependant, et il se précipita sur mon fusil pour l'emporter. Je lui fis signe de me le présenter. J'embrassai mon arme avec effusion en l'arrosant de mes pleurs. Ce vieux soldat me l'arracha des mains et partit, affolé, sans prononcer une parole.

Mon emploi m'exempta du versement des armes; mais voici les détails qui m'ont été fournis depuis, au sujet de cette opération, par un de mes camarades en qui j'ai une confiance illimitée.

Les compagnies avaient été invitées à établir des bulletins nominatifs, suivant le modèle en usage dans les régiments; ces bulletins furent signés par les commandants de compagnie et approuvés par le capitaine remplissant les fonctions de major.

Mon régiment ayant reçu l'ordre de verser les siennes et son matériel de guerre, un chef de bataillon prit le commandement d'une forte corvée qui avait été organisée pour opérer ce versement; un officier par compagnie conduisait ses hommes; il avait pour consigne de veiller avec beaucoup de soin à ce qu'aucun objet ne fût détérioré, ni détruit en route. La consigne fut très rigoureusement observée, attendu que la rumeur était que, la paix faite, les armes et tout le matériel de guerre seraient rendus à la France. Ce bruit, provenant sans doute du quartier du maréchal Bazaine, n'avait d'autre but que d'empêcher que les soldats et les sous-officiers ne détruisissent tout ce qui était entre leurs mains, ce qui n'eût pas manqué d'avoir lieu, dans une grande proportion.

La corvée se mit en marche, vers une heure de l'après-midi, pour se rendre au fort Plappeville, distant de quelques centaines de mètres à peine de notre campement. L'officier supérieur commandant le fort refusa tout d'abord de laisser pénétrer les troupes dans cette enceinte, parce qu'il n'avait pas reçu d'ordre au sujet du versement qu'elles venaient opérer; cependant, sur l'insistance du chef de bataillon qui commandait la corvée de mon régiment (car il y en avait d'autres), il consentit à l'y laisser entrer. Toutes les corvées furent placées dans la cour, en colonnes serrées.

Le commandant du fort expédia sur-le-champ un de ses sous-officiers au quartier général, situé au ban Saint-Martin, afin de demander un ordre écrit l'autorisant à procéder à la réception des armes, instruments de musique, tambours, clairons, etc., qu'on lui présentait. La réponse se faisant trop attendre, les soldats, malgré la surveillance active de leurs officiers et sous-officiers, commençaient à s'esquiver des rangs, quand le commandant du fort, impatient lui-même de ne pas voir revenir son estafette, se décida à prendre des mesures pour cette opération. Il se fit présenter par les officiers les bulletins de versement, afin de s'assurer qu'ils étaient conformes au modèle prescrit, puis il donna l'ordre de commencer la visite des armes qui se fit aussi scrupuleusement que possible. Pendant cette opération, le commandant du fort reçut l'autorisation qu'il avait demandée.

A la tombée de la nuit, la corvée de mon régiment n'avait pas terminé son versement. Quelques officiers demandèrent au chef de bataillon la permission de rentrer dans leur campement; elle leur fut accordée. Mais il résulta de la diminution de surveillance qui se produisit, qu'un grand nombre de soldats, soit qu'ils fussent malades (c'était la majorité), soit qu'ils ne jugeassent pas utile d'assister plus longtemps à une opération faite, il faut bien le dire, trop minutieusement dans la circonstance, quittèrent leurs rangs et rentrèrent aussi dans leur campement. Les mêmes faits se produisirent dans toutes les corvées des régiments, et un grand nombre d'armes furent même jetées dans les fossés du fort et dans les champs : c'était le début de l'indiscipline. La garde impériale, en revenant d'opérer son versement, traversa le village du Sansonnet vers une heure du matin ; ce qui me fait supposer que la réception dura au moins une grande partie de la nuit.

Le lendemain matin, une nombreuse corvée fut de nouveau commandée, dans chaque régiment, pour aller, sous les ordres d'officiers et de sous-officiers, ramasser les armes et autres objets abandonnés la veille et les transporter au fort. Le commandant les reçut, cette fois-ci, sans les faire contrôler. Les instruments de musique, les tambours et les clairons, furent versés en même temps que les armes. Les munitions furent aussi, m'a-t-on affirmé, déposées au fort Plappeville. Les voitures régimentaires furent conduites au parc d'artillerie. Le drapeau fut remis également le même jour ; il fut couché dans un fourgon avec ceux du 6ᵉ corps d'armée, et tous furent transportés à l'arsenal et livrés aux Prussiens, en présence des porte-drapeaux, auxquels on infligea cette dernière humiliation ; mais cet emblème, avant de quitter le régiment, avait été en partie déchiré par les officiers de l'état-major, qui en distribuèrent quelques lambeaux aux officiers des compagnies.

Quand la nouvelle parvint dans mon régiment que le drapeau avait été traîné dans un fourgon et remis à nos ennemis, chacun de nous fut frappé de stupeur. Le retrait des armes nous avait terrifiés, la remise du drapeau nous anéantissait. Nous venions de subir le dernier des outrages, et la mort nous eût paru moins cruelle que la séparation de cette chose incomparable, qui représentait à nos yeux un tout.

Car le drapeau, c'est l'image sacrée de la France, dans laquelle ont été gravés, par une main divine, en signes qui échappent à nos regards, ces mots sublimes d'éloquence : *Dévouement, Honneur, Force, Espoir*, et par conséquent *Unité d'action*, parce que les principaux corps qui forment la base de notre société, l'âme de la Patrie, (armée, magistrature, enseignement, religion), en ont fait un culte par leur dévouement sans borne et leurs sentiments de solidarité ; c'est, en outre, le point de ralliement du régiment et de l'armée entière.

Le drapeau nous fascine tous, nous Français, mais c'est sur les militaires que cette fascination fait surtout sentir.

D'après ce que j'ai éprouvé et observé, voici l'effet que produit le drapeau sur le soldat et le sous-officier, dont je m'occupe exclusivement dans ce récit :

A l'apparition du drapeau, le jeune soldat oublie les personnes les plus chères qu'il vient à peine de quitter, pour s'extasier et s'incliner devant cet emblème, inconnu la veille. Son âme est saisie par une force mystérieuse qui la transporte dans les sphères les plus élevées.

Le sous-officier, bien qu'il l'ait vu souvent déjà, est toujours ému, de nouveau, à l'approche de ce symbole, dont la grandeur, la majesté lui rappelle ses devoirs qui consistent à le servir dignement, loyalement, et à se dévouer pour lui jusqu'à la mort en présence de ses inférieurs, afin de leur inculquer les mêmes sentiments. Il sait que cet amour est d'autant plus grand chez le soldat qu'il trouve dans le sous-officier, avec lequel, souvent, il a fait ses premières armes et qui reste directement en contact avec lui, l'exemple de la discipline, de l'abnégation, d'une bienveillance soutenue, de la justice, surtout de la justice.

Le lecteur comprendra, sans que j'aie besoin d'insister davantage, combien notre douleur fut grande quand cette infamie nous fut annoncée, et de quel deuil notre âme fut enveloppée à la pensée que cette grande figure avait disparu d'au milieu de nous et nous laissait sans direction.

J'ajouterai à mes appréciations personnelles les paroles d'un des plus grands capitaines et celles d'un général de haute valeur :

« Il faut regarder le drapeau comme le domicile. Partout où est le drapeau, là est la France. Le soldat français a pour son drapeau un sentiment qui tient de la tendresse » (Napoléon Ier).

Dans son réquisitoire contre le maréchal Bazaine, le général Pourcet, en parlant de la remise aux Prussiens des drapeaux de l'armée de Metz, s'est écrié, d'un accent patriotique :

« Qu'est-ce que le drapeau, Messieurs ? Faut-il le redire encore après tant d'autres dont vous avez vu couler les larmes plus éloquentes que des phrases ?

« A coup sûr le drapeau est quelque chose qui leur tenait au cœur, à ces hommes de forte trempe et de haut courage, puisqu'ils suffoquaient au seul souvenir de ces heures d'angoisses, pendant lesquelles une indigne intrigue les enveloppait et dérobait à leur vigilance les trophées qui ornent aujourd'hui les palais et les basiliques de Berlin. Quelques-uns vous l'ont dit, ces drapeaux couchés dans des fourgons et cachés à tous les regards, c'était, leur semblait-il, comme un lambeau de leur honneur, comme une part de leur âme qu'on leur arrachait, et ceux qui les escortaient avaient l'air de conduire le deuil de la Patrie ; c'était, en effet, le deuil de sa gloire éclipsée, de son bonheur perdu. Oui, le drapeau, c'est bien, ainsi qu'on vous l'a dit, l'image de la France, c'est bien l'image de ce qu'elle aime, admire et honore le plus, car c'est l'emblème du sacrifice. Il parle à tous un langage ferme et limpide, entendu des plus humbles comme des plus grands : il faut le suivre tant qu'il avance et, s'il tombe, le relever pour le porter plus loin : cela est simple et cela suffit.

« Ce drapeau qu'on a pu livrer sans le ternir (trop d'éclat l'environne), il a été associé aux triomphes de la France et à ses désastres, hélas! à ses joies comme à ses souffrances ; il a flotté sur nos splendeurs et nos ruines, toujours honoré, relevant comme une promesse les courages abattus dans les jours de détresse et jalonnant la route du devoir devant les générations qui se succédaient à son ombre. Ainsi liée à nos destinées, cette grande et simple image de la Patrie, vrai symbole de son impérissable grandeur, nous apparaît si pleine de brûlants souvenirs et d'enivrantes espérances, que l'héroïsme en déborde sur les rangs sans cesse renouvelés de ceux qui se pressent autour d'elle. C'est bien là, Messieurs, le drapeau de la France dont toute l'histoire se résume en ce peu de mots échappés, dans un jour de péril et d'agitation populaire, à l'âme inspirée d'un grand citoyen : « Il a fait le tour du monde avec nos libertés et nos gloires ; » celui qu'une autre voix éloquente, chaleureux interprète de nos patriotiques élans, appelait naguère, avec une émotion comprise et partagée par toute la France : « Le drapeau chéri. »

« Doublement cher, en effet, en ce généreux pays que l'infortune attache, il manquait seulement à ce drapeau, pour défier l'inconstance, le tout-puissant prestige d'un malheur immense et immérité. Un général, élevé sous ses auspices aux plus hautes faveurs de la fortune, lui préparait cet étrange et cruel destin.

« Mais, si mourir bravement et les armes à la main, pour le salut de ce drapeau, constitue pour chacun de nous le plus grand des devoirs et le suprême honneur, il faut bien reconnaître que, sacrifier à des considérations personnelles le drapeau de l'armée qu'on commande, le soustraire sournoisement, par une manœuvre déloyale, à ses soldats affaiblis et trompés, le déposer docilement et humblement aux pieds du vainqueur et rehausser de ce factice éclat un trop facile triomphe, c'est descendre autant qu'on peut descendre par le mépris du devoir et l'oubli de l'honneur.

« Je me suis arrêté trop longtemps peut-être sur la remise du drapeau. Mais pouvais-je parler d'une chose plus belle, plus noble, plus sublime, plus sacrée, enfin plus digne de notre amour? c'est là ma seule excuse. »

CHAPITRE III

REMISE DE MON RÉGIMENT A L'ENNEMI.

Les sous-officiers et les soldats avaient supporté jusqu'à ce jour toutes les privations (même la faim) avec un grand courage et sans murmurer, parce qu'ils avaient toujours cru à une sortie à main armée, si souvent annoncée par quelques officiers, trompés eux-mêmes par les simulacres qui avaient été faits à ce sujet, ou désireux de maintenir intact l'honneur des armes et de sauver l'armée qui pouvait être si utile à notre chère patrie. Mais après avoir vécu deux mois et demi avec cet espoir, après avoir subi une si profonde déception, la plus grande partie d'entre eux se laissèrent aller au décou ragement, qui fit disparaitre toutes leurs qualités morales, les seules encore existantes à cette époque.

Quel triste tableau, en effet, de voir ces hommes ressemblant plutôt à des bandits qu'à des soldats, pour la plupart sans habillement ou vêtus avec des loques, sans chaussure, couverts de boue, malades, n'ayant plus le courage ni la force de rien faire pour se soulager, pas même du feu pour sécher leurs effets continuellement mouillés par les pluies journalières du mois d'octobre ; enfin ne pouvant plus se défendre contre la mort qui les menaçait, qui les étreignait ! Celui qui avait vu, quelques semaines auparavant, cette armée si belle, si coquette, si imposante, si solide (car j'ai entendu moi-même les officiers prussiens la vanter), cette armée si dévouée à son pays, ainsi que l'attestent les batailles de Gravelotte et de Saint-Privat, dans lesquelles notre infériorité en nombre et surtout en artillerie a été constatée, eût cru rêver en ne voyant plus que des fantômes. Hélas ! ces malheureux étaient cependant encore, à ce moment, moins à plaindre qu'ils ne le furent plus tard, attendu qu'ils n'étaient qu'au début de leurs souffrances ; ce n'était, en un mot, que l'avertissement des misères et des humiliations qu'ils devaient supporter comme prisonniers de guerre. Je ne parlerai pas de tout ce que j'endurai moi-même, parce que ma santé exceptionnelle me permit de résister beaucoup mieux que plusieurs de mes camarades aux misères égales pour tous.

Dans cette même journée du vingt-huit octobre, le maréchal commandant en chef fit connaître : 1° que chaque chef de corps réunirait le lendemain, sur le front de bandière, les troupes placées sous ses ordres, à une heure indiquée pour chaque corps d'armée, afin que les officiers pussent faire leurs adieux aux sous-officiers et aux soldats ; 2° que les troupes, conduites par eux, seraient ensuite remises aux Prussiens, à tel ou tel endroit : mon régiment devait être livré à l'ennemi au château de Ladonchamps, espèce de forteresse qui avait coûté la vie à plusieurs d'entre nous, principalement dans le combat du sept octobre.

Un ordre arriva également, concernant les officiers, qui devaient, après nous avoir remis aux mains de nos ennemis, se constituer eux-mêmes prisonniers. Je ne dirai rien sur le sort qui leur fut fait, ce qui me ferait dévier du but de mon récit, tout destiné aux sous-officiers et aux soldats.

Le même jour, notre caisse fut presque vidée au profit des officiers, qui reçurent un mois d'appointements d'avance, et des sous-officiers et soldats qui touchèrent le montant de trois ou quatre prêts; il ne resta à l'actif, après cette paye, que deux cents et quelques francs (renseignement des plus authentiques), ce qui n'eût pas dû exister.

Le vingt-neuf au matin, le mouvement des troupes commença de très bonne heure, paraît-il ; notre division ne devant être livrée à l'ennemi que dans l'après-midi, nous restâmes en repos une partie de la matinée.

De onze heures à midi, nous fûmes réunis. Chaque officier se joignit à sa compagnie respective. Le colonel, entouré de son état-major, se plaça au centre du régiment. Cet officier supérieur, très sensible et aimant beaucoup ses inférieurs, voulut, avant de se séparer des sous-officiers et des soldats, leur dire quelques paroles d'adieu et d'encouragement ; mais il était si ému que ses sanglots ne lui permirent pas, j'en suis certain, de reproduire ce que son cœur tout paternel lui dictait au moment de quitter sa famille ; car un régiment est une grande famille dont le colonel est le chef.

Nous devions être rendus à Ladonchamps à une heure précise ; on nous mit en route vers midi, par une pluie diluvienne qui ne cessait de tomber depuis plusieurs jours. Les chemins étaient dans un état de boue liquide épouvantable ; dans beaucoup d'endroits, elle atteignait une hauteur de dix à quinze centimètres. La marche fut très pénible pour nous rendre au lieu indiqué, situé à environ quatre kilomètres. Pendant le trajet, les sous-officiers et les soldats cherchèrent à se rapprocher de leurs officiers, qu'ils n'avaient plus à posséder que quelques minutes. Les officiers, de leur côté, furent extrêmement bienveillants ; ils tâchèrent de diminuer par des paroles affectueuses et encourageantes les craintes et les souffrances de leurs subordonnés. Le régiment arriva bientôt en vue de l'armée prussienne. A ce moment, chaque officier voulut donner un dernier témoignage de sympathie aux plus malheureux d'entre nous en leur distribuant de l'argent, pour qu'ils pussent adoucir leurs souffrances pendant la captivité. Les officiers, il est bien juste de le dire, furent, sans exception, admirables de bonté et de générosité ; beaucoup se démunirent de l'argent qui devait plus tard leur manquer en Allemagne.

L'heure la plus triste était arrivée ; car nous étions près des Prussiens ; il fallait donc quitter nos officiers pour nous constituer prisonniers. Il se produisit, à cet instant, un mouvement indescriptible dans nos rangs. Les officiers parcouraient les groupes des sous-officiers et des soldats pour leur dire adieu ; ceux-ci ne voulaient pas se séparer d'eux avant de leur avoir donné une dernière marque de reconnaissance. Ce fut alors un moment de douleur inénarrable, qui n'avait pas eu de précédent dans mon existence et que je ressens encore chaque fois que j'aborde ce sujet. Tout ce que je pourrais dire sur cette scène serait bien au-dessous de ce qui se passa ; les personnes sensibles comprendront mieux que je ne saurais la reproduire cette heure terrible. Plusieurs officiers, oubliant leur rang, donnèrent l'accolade à leurs soldats qui s'accrochaient à eux comme des naufragés à une épave. Le colonel fut, pendant cette séparation, assailli par le nombre ; tous les sous-officiers et les soldats auraient voulu avant de le quitter lui toucher la main, lui dire un dernier adieu.

Ce tableau désolant, qui se passait en présence de quelques officiers prussiens et de cavaliers qui s'étaient avancés jusqu'à nous, ne pouvait pas durer longtemps. Ces hommes de marbre, ne nous ressemblant en rien par le cœur, ne purent tolérer ce spectacle, triste, mais beau. Je dis beau, parce qu'il était produit chez les uns par des sentiments de respect et de reconnaissance, chez les autres par l'estime et la pitié.

Les Prussiens commencèrent à crier pour mettre fin à cette effusion qu'ils ne comprenaient pas ; mais leurs cris et leurs vociférations ne produisant aucun effet sur nous, ils y firent succéder les coups de crosses de fusil et de fourreaux de sabre. Notre colonel fut alors forcé de se retirer et d'abandonner à l'ennemi les enfants que la France avait confiés à sa garde.

Un nombreux état-major prussien, groupé en avant de quelques escadrons de cavalerie, de batteries d'artillerie et de bataillons d'infanterie, était là pour nous recevoir et nous organiser en détachements. Nous vîmes pour la première fois flotter sur nos têtes le drapeau de nos vainqueurs. A la vue de cet emblème aux couleurs tristes, de cette cavalerie ne bougeant pas plus que des statues (car l'immobilité de l'armée prussienne sous les armes est unique), nos cœurs se serrèrent et l'on vit jusqu'à de vieux soldats pleurer comme des enfants ; la douleur de tous était extrême. Un profond silence s'était fait dans nos rangs, ou plutôt dans nos groupes, car il n'y avait plus, à ce moment, la moindre discipline et chacun de nous marchait à son gré. On n'entendit plus alors que le piétinement des chevaux et le cliquetis des armes ennemies qui rendirent ce départ plus lugubre encore.

CHAPITRE IV

FORMATION DES PRISONNIERS EN DÉTACHEMENTS. —
VOYAGE ENTRE LES BAIONNETTES PRUSSIENNES.

Les Prussiens nous formèrent en détachements ; celui dont je fis partie était fort de deux mille hommes environ, tant fantassins que dragons.

Ce détachement, qui fut placé sous la conduite d'un officier, de quelques dragons et fantassins prussiens, se mit en route, toujours sous une pluie torrentielle. La marche devint de plus en plus pénible par suite du mauvais état des chemins, défoncés par l'humidité continuelle et les mouvements de l'armée prussienne. Après avoir parcouru quelques kilomètres, nos groupes commencèrent à diminuer. Beaucoup de malades tombèrent dans la boue pour ne plus se relever. Ces malheureux, consumés par la fièvre, demandaient à hauts cris à boire et du secours; mais, hélas ! qui trouvaient-ils pour les soulager ? Des misérables comme eux, un peu moins malades peut-être, mais n'ayant absolument rien autre chose que des paroles d'encouragement à leur adresser. En peu de temps, le nombre des traînards s'accrut considérablement. Les Prussiens commencèrent par menacer ces agonisants et des menaces ils en vinrent bien vite aux coups. Quelques-uns de ces hommes dénaturés, de ces brutes, eurent la barbarie de faire piétiner par leurs chevaux ces pauvres victimes de la guerre.

En arrivant près de quelques maisons situées sur le bord de la route, non loin de Malroy, il se produisit un acte de sauvagerie que je ne voudrais pas laisser sous silence.

Un pauvre paysan, septuagénaire au moins, était à travailler dans un champ aboutissant au chemin. En apercevant le détachement, ce vieillard quitta sa terre pour venir jusqu'à nous. Il me semble voir encore cet homme, blanchi par le temps et courbé par le travail, s'appuyer sur le manche de son outil et faire un effort pour se redresser en face de nos ennemis. Il nous dit ces paroles, que je n'oublierai

jamais, tant elles m'impressionnèrent : « Mes
« enfants, vous êtes bien malheureux ; nos enne-
« mis sont bien cruels par ce que je vois ; mais
« ayez du courage et n'oubliez pas que vous
« êtes toujours les enfants de la France qui
« aura encore besoin de vous un jour pour con-
« tribuer à la venger. Crions donc : Vive la
« France ! » Et il cria de toutes ses forces : Vive
la France ! Son cri n'eut pas d'écho, parce qu'il
ne pouvait en avoir. Notre compatriote avait à
peine achevé de prononcer la dernière syllabe
qu'un dragon, furieux, mit son cheval au galop et
se précipita sur lui, sabre au clair. Cet homme
ne se laissa point intimider par cette menace ; il
reçut bravement le cavalier prussien et lui dit
avec un rire sardonique : « Je suis assez vieux
« pour mourir ; tu pourras me tuer, tu parais
« suffisamment lâche pour oser tuer un vieillard
« sans défense, mais avant, je tiens à ranimer
« le courage de ces malheureux enfants. » Et il
cria pour la seconde fois de toutes ses forces :
Vive la France ! Le dragon, piqué de nouveau par ces paroles outrageantes à son égard,
parut alors avec toute sa sauvagerie ; il frappa son
provocateur à plusieurs reprises avec son sabre.
Celui-ci, continuant à lui résister par des gestes
et des paroles que nous ne distinguâmes pas, ce

barbare lança son cheval sur lui, le bouscula et le renversa dans la boue, puis il regagna la route. Nous vîmes cet homme se relever pour nous donner encore quelques signes d'encouragement, mais le détachement qui avait continué à avancer le laissa bientôt en arrière. Que devint-il ?

Au moment où le dragon prussien commit cet acte inqualifiable, un murmure partit de nos groupes, mais ce fut tout : nous étions impuissants à le venger.

Notre marche dura jusqu'à la nuit ; nous ne parcourûmes cependant que huit kilomètres environ pour arriver près du bourg. Là, le commandant du détachement nous fit quitter la route pour entrer dans un pré et des terres labourées ; il donna l'ordre aux sous-officiers français de faire placer les caporaux et les soldats sur deux rangs, par pelotons à peu près égaux, de les compter et de lui en indiquer l'effectif, ce que nous fîmes. Un cordon de sentinelles prussiennes fut formé autour de notre campement.

Ceux de nous qui possédaient encore des tentes les dressèrent ; malheureusement ces effets étaient rares. Pendant la bataille de Gravelotte, le seize août, l'ordre nous ayant été donné de quitter nos sacs autour desquels les tentes étaient roulées, en prévision probablement de nous lancer plus avantageusement sur nos ennemis avec la baïonnette, le soir, après le désordre produit dans notre corps d'armée par une charge de cavalerie prussienne, il nous fut impossible de découvrir ces effets. Comme nous avions couché sur l'emplacement que nous occupions le matin et tout près du champ de bataille, le lendemain quelques-uns d'entre nous avaient eu la chance de retrouver des sacs et par conséquent des tentes.

La pluie, qui avait cessé de tomber depuis un instant, recommença avec plus de violence et une nuit épouvantable se préparait. Les possesseurs de tentes se couchèrent dessous, dans la boue, presque dans l'eau, sans avoir mangé. Le temps était horrible. Le vent qui soufflait avec rage, en faisant entendre ses accords stridents à travers les arbres, enleva presque tous les abris et mit une grande partie du détachement à découvert. Tout paraissait déchaîné contre nous, comme d'ailleurs contre notre malheureux pays. Vers huit heures, ne pouvant plus résister à la fatigue et au sommeil, je me hasardai, malgré la boue, à me glisser sous des tentes établies par les soldats de ma section, auxquels j'avais prêté la mienne; et ce ne fut pas sans avoir provoqué quelques vilaines paroles à mon adresse et des jurements, que je parvins à me caser parmi eux. Je possédais un couvre-pieds que je pliai pour m'asseoir, puis je m'accoudai sur mon havre-sac. Je m'endormis dans cette position, où je restai peut-être pendant deux heures. Lorsque je m'éveillai, j'étais dans l'eau et absolument glacé. Je sortis de cette mare pour marcher, afin de me réchauffer. Il me fut impossible de me livrer à cet exercice, tant j'enfonçais dans la boue.

A ce moment, je fis la rencontre d'un sous-officier de ma section, qui était dans un piteux état. Je le trouvai bien plus malheureux que moi, car il se plaignait de n'en pouvoir plus, de mourir de faim, et il ajouta qu'il ne pourrait jamais résister à tant de souffrances jusqu'au lendemain. Dans la pensée que la chose fût praticable, il me proposa d'essayer de sortir du campement avec lui, afin d'aller à Malroy. Il m'apprit que nos conducteurs avaient fait une distribution de vivres, vers neuf heures, mais qu'il n'avait pu s'y rendre. Nous nous dirigeâmes donc du côté de ce bourg. Après avoir parcouru une centaine de pas environ, nous trouvâmes, à terre, un sac de Prussien, ce qui nous fit supposer que la sentinelle, qui s'en était séparée, était endormie et que nous allions réussir dans notre tentative. Nous nous étions trompés; la sentinelle vigilante nous arrêta par le cri de « Werda ? » (qui vive ?) et arma son fusil. Il ne fallait donc pas songer à forcer la consigne, et nous revînmes sur nos pas. Nous passâmes une ou deux heures à causer de nos malheurs et à marcher de temps en temps, pendant quelques minutes, bien que ce fût extrêmement difficile, afin de ne pas nous laisser maîtriser par le froid. Tout en marchant, il me sembla apercevoir du feu, à quelque distance de nous, derrière une haie ; je le montrai à mon camarade en l'engageant à me suivre, pour tâcher d'en profiter ; il n'en eut pas le courage, je partis seul.

En arrivant près de ce feu, j'eus devant les yeux un tableau navrant. Tout autour étaient assis ou couchés des hommes dans la plus affreuse situation ; les uns dormaient, les moins malades sans doute ; les autres grelottaient de fièvre et de froid et se plaignaient amèrement ; d'autres enfin, les plus souffrants, à ce qu'il me sembla, imploraient ou blasphémaient Dieu. Toutes ces figures fatiguées, décharnées et éclairées par le feu que deux ou trois hommes tisonnaient, présentaient quelque chose d'infernal, de hideux. Je fus très impressionné à la vue de ce spectacle, de ces malades mourant de faim et de misère et je m'estimai bien heureux de jouir d'une constitution exceptionnelle me permettant de résister mieux qu'eux aux fatigues et aux infortunes qui nous accablaient. Je voulus, mais en vain, m'approcher du brasier. Quelques soldats qui me connaissaient particulièrement et qui se fussent en toute autre circonstance dévoués pour moi, ne voulurent point se déranger de leur place pour me laisser me chauffer : c'est qu'à ce moment critique, il n'y avait plus de chefs, plus de camarades, plus d'amis ; chacun pensait à soi, chose bien naturelle, puisqu'il s'agissait de défendre sa vie sérieusement compromise ; d'ailleurs, je n'insistai pas, et je repris le chemin par où j'étais venu, afin de rejoindre le sous-officier que je venais de quitter.

Pendant mon trajet, j'aperçus à une assez grande distance une lumière qui me parut provenir d'une voiture. Au même instant, je rencontrai un sapeur qui, comme moi, n'avait pu rester sous la tente et auquel je demandai s'il pourrait me renseigner sur la provenance du feu que je lui montrai. Il m'apprit qu'un Prussien suivait les prisonniers, pour leur vendre des vivres et que c'était la lanterne de sa voiture que j'apercevais. Je le priai de s'assurer s'il pourrait me procurer quelque chose à manger et je lui remis, à cet effet, une somme de deux francs. Ce sapeur revint, une heure après environ, porteur de pain de bonne qualité et d'un peu d'eau-de-vie détestable ; il me dit qu'il était resté longtemps, parce que la voiture était assaillie par le nombre des prisonniers demandant des aliments à acheter.

Je cherchai à retrouver mon camarade, mais je n'y parvins pas ; de sorte que le sapeur et moi, nous mangeâmes et bûmes la petite provision qu'il avait apportée, laquelle était bien insuffisante.

Ces individus (car ils se multiplièrent en route) qui nous suivirent jusqu'à Sarrelouis avec leurs voitures, nous exploitaient ignoblement ; ils furent même, à ce sujet, à Sainte-Barbe, victimes d'une dévalisation que les soldats prussiens cherchèrent mollement à empêcher, tant ils avaient reconnu l'indélicatesse de ces gens envers nous et même envers eux.

Après avoir pris ce peu de nourriture, je me mis à la recherche de mon sac que j'avais laissé sous la tente ; je l'en retirai pour m'asseoir dessus quand j'étais trop fatigué et je passai le reste de la nuit sous la pluie, avec des souffrances inouïes.

Dès le matin, nous cherchâmes à nous procurer du bois, pour faire cuire la viande qui nous avait été distribuée la veille et à la pointe du jour. Les Prussiens firent aussi une distribution complémentaire de pain noir très mauvais. Je ne pus manger celui qu'on nous avait donné, et, pour m'en procurer d'autre, j'eus recours aux marchands qui nous suivaient.

Chacun de nous se réconforta le mieux possible. Nous restâmes dans notre campement jusqu'à midi. La température ayant changé dans la matinée, le détachement se mit en marche par un beau temps. Bien que les chemins fussent en moins mauvais état que la veille, il y eut beaucoup de traînards. Nous arrivâmes de bonne heure au bourg d'Ennery, situé à six kilomètres de Mabroy [1].

Les Prussiens nous firent camper non loin du bourg dans les champs. Nous eûmes, mes camarades de régiment et moi, l'agréable sur-

---

1. Les distances que je vais indiquer représenteront toujours la ligne directe d'un point à un autre ; elles pourront donc être évaluées à un tiers en plus, parce que nous suivîmes souvent des chemins non indiqués sur les cartes que j'ai consultées.

prise de voir arriver un de nos ex-cantiniers avec sa voiture chargée de pain et de vin ; cette bonne fortune permit à ses préférés, et j'en étais un, de se procurer avec leur argent de quoi dîner avant de se reposer. La nuit fut relativement belle. Je couchai sous une tente que l'adjudant V... de mon régiment, dont je parlerai souvent et avec lequel j'étais intimement lié, dressa avec moi. D'ailleurs, à dater de ce jour, cet adjudant et moi, nous ne nous séparâmes plus jusqu'à mon évasion. Quoique couché sur la terre humide, je dormis bien jusqu'au lendemain matin.

Aussitôt qu'il fit jour, les sapeurs qui faisaient partie de la même section que nous, s'occupèrent de faire cuire du mouton pour notre déjeuner. Ces soldats d'élite préparèrent nos aliments jusqu'à Wesel; et ils nous rendirent de grands services que nous leur payâmes sous plusieurs formes, chaque fois que nous en trouvâmes l'occasion.

Dans la matinée, nous fûmes prévenus, par les soins de l'officier prussien, que le détachement ne bougerait pas avant le lendemain, et que si les sous-officiers désiraient aller à Ennery, soit pour porter des lettres à la poste, soit pour tout autre motif, il les y feraient accompagner par ses soldats. L'adjudant V... et moi, nous acceptâmes de grand cœur la proposition qui nous était faite. Nous écrivîmes, à la hâte, quelques lignes à nos parents, dont nous n'avions aucune nouvelle depuis les premiers jours du mois d'août, puis nous demandâmes à un sous-officier prussien de nous faire conduire au bourg. Celui-ci nous mit sous la garde d'un landwer, armé de son sabre seulement.

Arrivés à Ennery, nous jetâmes nos plis à la boîte, lesquels n'arrivèrent jamais à leurs destinations ; il est probable que ces hypocrites nous avaient fait cette proposition afin de paraître bons pour nous et qu'ils détruisirent ensuite, après les avoir lues, toutes nos lettres, dont plusieurs devaient leur être hostiles ; cependant, en ce qui me concerne, je n'avais pas fait la moindre allusion à leur inhumanité, parce que je me doutais bien de ce qui allait arriver ; cela n'empêcha pas ma lettre de subir le sort commun. Nous trouvâmes un cabaret déjà plein de soldats et de gendarmes prussiens. Nous offrîmes à boire à notre gardien, qui accepta cette invitation sans faire la moindre difficulté ; ensuite, nous rentrâmes à notre campement, toujours escortés par le Teuton barbu, qui marchait à quelques pas derrière nous, comme une domestique qui conduit des demoiselles en classe. Le reste de la journée s'écoula rapidement ; nous nous couchâmes après avoir pris un peu de nourriture.

Le lendemain, de très bonne heure, on nous mit en marche pour Chieulles, bourg situé à sept kilomètres et demi d'Ennery. La pluie nous prit en route et nous arrivâmes tout mouillés dans un cantonnement établi à quelque distance du bourg par les Prussiens, pendant le siège de Metz. Ce cantonnement était dans un état de boue effrayant : on vit bien qu'il avait été occupé par des porteurs de bottes ; car, nous, Français, nous y perdions nos souliers et nos guêtres. Les baraques, composant le cantonnement, construites en bois brut et couvertes en chaume, laissaient passer l'eau dans différents endroits. A l'intérieur, il y avait eu de la paille, qui n'était plus, à ce moment, que du fumier.

Quelques soldats courageux allèrent dans les champs ramasser du bois pour faire cuire leur viande et sécher leurs effets ; d'autres, les plus fatigués et peut-être aussi les moins énergiques, se couchèrent immédiatement sans avoir mangé ; car, depuis la veille, les neuf dixièmes de notre détachement étaient atteints de la diarrhée, occasionnée, nous dit-on, par la grande quantité de viande de mouton que nous avions mangée, après un jeûne de plusieurs semaines. Cette maladie fut terrible ; un grand nombre de ceux qui en étaient atteints ne purent arriver à Wesel, et plusieurs moururent de misère sur les routes, dans la boue et dans les fossés.

La pluie continuant à tomber, je me décidai, après avoir pris un peu de nourriture, à me coucher sur la paille mouillée. J'eus très grand froid dans cette baraque ouverte à tous les vents et je considère cette nuit comme une des plus mauvaises de la route. L'adjudant V... coucha dans une habitation chauffée par un poêle laissé par les Prussiens ; il y avait trouvé installés notre ex-cantinier et sa femme.

Nos ennemis s'étaient, ainsi que je l'ai exposé plus haut, cantonnés assez confortablement autour de Metz, de manière à pouvoir attendre patiemment le moment où la faim nous en ferait sortir, puisque aucune tentative n'était faite à ce sujet.

Le lendemain matin, deux novembre, à la première heure, le détachement se mit en marche pour se rendre à Sainte-Barbe, située à six kilomètres de Chieulles. Les traînards étant encore plus nombreux que la veille, il y eut, par conséquent, de la part de nos conducteurs, redoublement de brutalité. Nous arrivâmes de bonne heure à cette étape, distante de sept kilomètres environ du fort Saint-Julien de Metz.

Ainsi, nous marchions depuis quatre jours sans avoir avancé du côté de l'Allemagne. Au contraire, nous venions de nous rapprocher de Metz; ce qui indique clairement que les Prussiens étaient embarrassés, et cela se comprend, pour transporter notre armée en Allemagne.

Le campement que nous occupâmes venait d'être évacué par un autre détachement, qui avait dû y séjourner pendant deux ou trois jours, car il était dans un état de boue liquide. Pour cette cause, il fut d'abord nommé le camp de la boue, puis le camp de la mort, parce que nous y souffrîmes tellement qu'un grand nombre d'entre nous ne purent continuer la route à pied et furent expédiés je ne sais où; d'autres y contractèrent des maladies qui les ont emportés depuis; enfin ceux d'une troisième catagorie sont atteints d'infirmités inguérissables; un petit nombre de prisonniers sont restés en bonne santé. Bien que nous ne fussions qu'à trois ou quatre cents mètres de Sainte-Barbe, il nous fut impossible d'y aller.

A notre arrivée dans ce camp, chaque soldat voulut s'occuper de faire cuire ses aliments, mais il n'y avait pas de bois à proximité du détachement ; cependant il en fallait.

La route était bordée de peupliers et d'ormeaux, ayant certainement en moyenne plu[s] d'un mètre de circonférence. Les prisonnier[s] attaquèrent ces arbres avec leurs hachettes d[e] campagne. Malgré le mauvais état de ces outi[ls] qui se démanchaient à chaque instant et cou[-]paient à peine, ils vinrent à bout de les abattr[e] presque tous.

Quiconque a connu l'imperfection de cett[e] hachette pourra douter qu'un travail de c[e] genre ait pu être exécuté avec de si mauvai[s] outils par des hommes malades ; c'est cependan[t] l'exacte vérité. Les soldats se mirent jusqu'à cin[q] ou six pour abattre un arbre, c'est-à-dire auss[i] nombreux que possible. Rien n'arrêta leur cou[-]rage. Quand un arbre était près de tomber, o[n] voyait autour une centaine d'hommes attendr[e] l'heureux moment de sa chute, afin de se jete[r] dessus pour le dépouiller de ses branches ; e[n] un clin d'œil, il ne restait plus que le tronc[.] Avant notre départ du camp, les peupliers furen[t] en partie déchiquetés et brûlés; les ormeau[x] étant plus durs, les troncs restèrent à peu prè[s] intacts.

Depuis notre séjour au milieu des Prussiens,

je n'étais pas le seul des sous-officiers à remarquer que non seulement les soldats ne nous obéissaient plus, mais qu'ils devenaient même insolents envers nous. Au début, nous n'y fîmes guère attention, parce que nous savions bien que ce relâchement dans la discipline provenait des grandes souffrances qu'ils enduraient. Cependant, le mal augmentant, d'une manière inquiétante, il aurait été utile de songer à le limiter.

Le jour de notre arrivée au camp de Sainte-Barbe, il se passa un incident qui permit d'arrêter les progrès de l'insubordination toujours croissante. Le soir, les Prussiens nous donnèrent l'ordre de faire l'appel de nos soldats, par compagnie, et de leur en rendre compte. Le sous-chef de musique de mon régiment ayant voulu se conformer à cette instruction, invita ses musiciens à se placer sur deux rangs, comme d'habitude. Ils ne l'écoutèrent même pas, et les remontrances qu'il leur fit à cet égard, furent absolument sans effet. Quand il eut reconnu qu'il ne pourrait rien en obtenir, il vint me prier de les rassembler, en invoquant : 1° que j'avais de bons amis parmi eux, depuis que j'avais été leur sergent-fourrier, et que ceux-ci, ramenés par moi à l'obéissance, pourrraient ensuite agir sur leurs collègues et lui permettre d'exécuter l'ordre donné par les Prussiens ; 2° que, d'ailleurs, j'appartenais encore à la section hors rang, ce qui me laissait sur eux tous quelque autorité. En effet, ce que le sous-chef de musique avait prévu arriva heureusement ; après avoir fait remarquer aux musiciens qu'ils se mettaient dans un vilain cas en n'obéissant pas à leur chef, ils se placèrent sur deux rangs, à l'exception de trois, et j'en fis l'appel. Parmi les trois indisciplinés, il y en eut un qui ne cessa, pendant la réunion, d'insulter tous les sous-officiers français.

L'appel fait, l'adjudant V..., en sa qualité de plus ancien, en rendit compte à l'officier prussien qui lui fit remarquer que l'opération avait été trop longue. Cet officier, qui connaissait sans doute la cause du retard à exécuter ses instructions, insista beaucoup pour que mon camarade s'expliquât à ce sujet, et il menaça même de punir les sous-officiers français. L'adjudant, quoique à regret, fut dans la nécessité de dire à cet officier ce qui venait de se passer. Celui-ci commanda sur-le-champ à un de ses sous-officiers de prendre quelques hommes en armes et d'aller chercher ce « mauvais sujet » (c'est ainsi qu'il le qualifia), qui avait osé insulter ses chefs ; le sous-officier et ses hommes se rendirent immédiatement dans notre campement pour emmener le coupable, auquel ils infligèrent une punition des plus terribles, qui nous était inconnue. D'après ce qui nous fut rapporté, ce musicien fut placé entre quatre Prussiens en armes, qui le forcèrent à rester debout et immobile jusqu'au jour, puis ils le lâchèrent. L'exemple, colporté dans le détachement, fut salutaire pour nous ; nous vîmes, à partir de ce jour, une grande amélioration dans la conduite de nos soldats à notre égard.

Nous restâmes le lendemain et le surlendemain (trois et quatre novembre) sans bouger et toujours dans la boue. Les nuits, excessivement froides, furent écrasantes pour tout le monde, mais principalement pour les malades qui formaient la grande majorité de l'effectif. Nous profitâmes (ceux qui en avaient la force) de ces deux jours pleins pour laver ou faire laver notre linge de corps, tel que chemises, caleçons, etc.

Le cinq, de très bonne heure, le détachement se mit en route pour les Etangs, bourg situé à sept kilomètres environ de Sainte-Barbe. La journée étant belle, la marche fut moins fatigante que les jours précédents ; mais, malgré cela, les traînards furent très nombreux encore et le nombre devait sensiblement s'en accroître les jours suivants. Nous arrivâmes de bonne heure à l'étape.

Le campement, situé dans les champs, près d'un bois, était assez bien choisi. L'adjudant V... et moi, nous ramassâmes des feuilles sèches pour nous en faire un lit.

Il me fut rapporté que quelques prisonniers qui, comme nous, étaient allés chercher des feuilles dans le bois, rencontrèrent des habitants porteurs d'effets civils et se déguisèrent pour fuir dans le bourg. Je regrettai beaucoup de n'avoir pas trouvé une pareille occasion que je n'eusse pas manqué de saisir.

Le lendemain, six novembre, à la première heure, le détachement se mit en marche, pour Boulay, distant de onze kilomètres des Etangs. L'étape, relativement longue, fut très fatigante pour les malades ; il en resta en arrière un nombre considérable.

Les Prussiens furent, comme toujours, sans pitié pour ces malheureux qui étaient forcés de s'arrêter à chaque instant. Les menaces de toutes sortes, les coups de crosses de fusil, les coups de pied même, que nous ne donnons, nous, Français, qu'avec répugnance à un chien, assaillirent ces hommes, minés par le mal et à bout de forces. Combien en ai-je entendu demander la mort à grands cris, plutôt que de vivre dans une pareille situation ! Il faut avoir vu ces actes de sauvagerie pour croire que des hommes qui se disent civilisés, aient pu traiter avec tant de brutalité des malades qui avaient déjà un pied dans la tombe. Je renonce à chercher un mot pour les qualifier, parce qu'il n'en existe pas d'assez dur dans notre vocabulaire. Je fus bien heureux de jouir d'une bonne santé, et d'être exempté des coups de ces brutes; car je n'eusse pas supporté qu'un de ces misérables me frappât ; et que se serait-il passé ?

Nous arrivâmes avant la nuit à Boulay, chef-lieu de canton, où existent les ruines d'un vieux château et de son enceinte. Nous traversâmes le bourg pour aller, à quelques centaines de mètres au delà, camper dans les champs. Si j'ai bonne mémoire, c'est à cet endroit qu'on nous distribua de la paille pour nous coucher : la nuit nous parut moins longue.

Je m'aperçois que, pour les étapes précédentes, j'ai donné beaucoup de détails qui manquent peut-être d'intérêt. Cependant je crois qu'il était utile de m'étendre un peu sur certains faits, de nature à montrer quelles furent les souffrances que les prisonniers de Metz endurèrent pendant leur marche. Je dis les prisonniers de Metz, parce que j'ai lieu de supposer que les autres détachements furent aussi malheureux que le nôtre, sinon davantage. Maintenant que mon but est atteint, je chercherai à abréger mon récit, en laissant de côté les faits de médiocre importance qui se passèrent pendant le reste de la route jusqu'à Wesel.

Le lendemain, sept novembre, avant le jour, nous fûmes éveillés par les Prussiens. Quelques malades ne sortant pas assez vite de leurs tentes qu'ils trouvaient relativement confortables à cause de la paille qui les tenait chauds, furent l'objet des plus mauvais traitements. Les Prussiens passèrent dans le campement, afin d'activer la formation du détachement. Ils criaient, vociféraient et frappaient de leurs armes tous ceux qui n'étaient pas prêts à partir. En un mot, ils se ruèrent sur des hommes sans défense, abrutis par le mal et n'en pouvant plus. Leur furie était à son comble et leur conduite envers ces pauvres victimes ne peut, je le répète une seconde fois, être qualifiée.

Lorsque tout le monde fut debout, le détachement se mit en marche, par un beau temps. Nous arrivâmes vers trois heures à Tromborn, situé à onze kilomètres de Boulay, toujours par un temps magnifique. Nous campâmes à quelques centaines de mètres du bourg, dans les champs. Le lendemain, l'on ne bougea pas. Ces deux nuits furent très pénibles, parce que nous couchâmes sur la terre.

Le neuf novembre, avant le jour, les Prussiens donnèrent le signal du départ. On nous mit en route pour la ville de Sarrelouis, distante de quatorze kilomètres de Tromborn et située à soixante-quatre kilomètres de Trèves, sur la Sarre. Cette place fut fortifiée par Vauban, en 1681, à la suite d'un pari fait avec Louis XIV. La paix de Ryswick l'avait livrée à la France, mais les traités de 1814 et 1815 la donnèrent à la Prusse. Sarrelouis est la patrie de Ney.

Nous arrivâmes à midi ; on nous fit faire halte dans la ville même. Les habitants, parlant tous la langue française, nous accueillirent comme si nous avions été des leurs ; beaucoup d'entre eux emmenèrent des soldats pour les faire manger. Les Prussiens nous avaient fait arrêter dans le but de nous permettre de prendre quelque nourriture, avant de nous faire monter en wagons. D'après ce qui me fut rapporté par des soldats, le repas qu'avait organisé l'autorité militaire, était composé de pain, de haricots et de mouton. Plusieurs de mes camarades et moi, nous allâmes dans un café pour nous réconforter un peu. Des messieurs voulurent nous conduire chez eux ; mais dans la crainte de nous mettre en retard, et de nous exposer, par conséquent, aux brutalités de nos conducteurs, nous refusâmes leur invitation, cependant très amicale. On peut affirmer que la population de Sarrelouis est aussi française que prussienne ; nulle part ailleurs nous ne rencontrâmes autant de marques de pitié que dans cette ville.

Après une heure de repos, le détachement fut conduit à la gare du chemin de fer. Un train avait été organisé pour nous recevoir. On nous fit monter dans des wagons de marchandises, dans lesquels on nous entassa les uns sur les autres. Le train se mit bientôt en marche pour Trèves. Il suivit souvent la Sarre, petite rivière très accidentée dont les rives ne manquent pas de beautés pittoresques. Je ne sais si c'est aux courbes très brusques de la voie ferrée que l'on doit attribuer la marche si lente du train, mais il mit un temps considérable pour nous conduire à Trèves, ville distante, comme je viens de l'indiquer, de soixante-quatre kilomètres environ de Sarrelouis. Nous n'y arrivâmes qu'au coucher du soleil : la gare étant placée en dehors de la ville, je ne pus, ainsi que je l'aurais désiré, me rendre compte de l'ensemble de cette très intéressante cité, dont je ne distinguai que quelques monuments.

Trèves (en allemand, Trier) est, en effet, une des villes d'Allemagne les plus riches en monuments antiques. Située à six cent soixante-dix kilomètres de Berlin, cette ville renferme évêché catholique, gymnase, séminaire catholique, bibliothèque de cent mille volumes. On y remarque la cathédrale de Saint-Pierre ou Dom, du style romano-byzantin. Pendant l'occupation française en 1797, cette basilique fut transformée en magasin à fourrages. Le plus bel édifice de Trèves est l'hôtel de ville. Le pont qui relie les deux rives fut construit sous Auguste. Agrippa en fut, dit-on, l'architecte. Il fut miné par les généraux de Louis XIV et en partie détruit. Les Français entrèrent à Trèves en 1673, puis en 1794. Le traité de 1815 la rendit à la Prusse.

Le détachement descendit des wagons et les Prussiens le mirent aussitôt en marche. Nous traversâmes deux bourgs, que je crois être Pallien et Bienier, où les habitants maltraitèrent horriblement les malades qui leur demandaient à boire ; nous allâmes coucher dans un bois situé aux environs de Besselich et de Lorich, à sept ou huit kilomètres de Trèves. Le trajet

4.

fut on ne peut plus fatigant ; tous les prisonniers dormaient en marchant ; beaucoup tombèrent d'accablement. Les dragons, placés en tête du détachement, et qui auraient dû cependant moins fatiguer que la queue de la colonne, ne pouvaient plus se tenir debout; ils trébuchaient en marchant et ressemblaient à des hommes ivres. Plusieurs d'entre eux, qui ne pouvaient plus avancer, redoutant la férocité de nos conducteurs, profitèrent de l'obscurité pour s'esquiver de la colonne et se cacher derrière les haies, où ils passèrent probablement la nuit sans avoir mangé. Il est à supposer que, pour éviter les brutalités des Prussiens qui nous conduisaient, ils tombèrent dans un mal aussi grand en se trouvant au milieu d'habitants tels que ceux dont je viens de parler ; qu'ils furent très maltraités le lendemain et que quelques-uns furent assommés. Je ne sais ce qu'ils devinrent, nous n'en entendîmes jamais parler.

Un moment après notre arrivée dans ce bois, on nous fit une distribution de vivres, composés de pain, de bœuf, de mouton et de café. L'adjudant V... fut chargé par l'officier prussien de répartir ces provisions au détachement. Mais, comme il était onze heures au moins, et que les prisonniers étaient presque tous couchés, il en resta une grande quantité sur place. Cet adjudant et moi, nous ne dormîmes pas et nous passâmes la nuit, assis près d'un feu que nous avions installé nous-mêmes, à faire et à boire du café.

Longtemps avant le jour, les Prussiens donnèrent le signal du départ. Aussitôt que tout le monde fut debout, nous fîmes connaître aux hommes du détachement que des vivres n'avaient pas été distribués et qu'ils pouvaient venir en prendre au tas. Malgré cela, il resta beaucoup de pain, un peu de viande et du café en assez grande quantité ; ce fut la seule fois qu'on nous donna du café. Afin de ne pas laisser perdre des provisions dont nous avions manqué si souvent, je remplis mon sac de viande et je fixai dessus et derrière deux pains et environ cinq kilogrammes de café, le tout représentant un poids d'au moins vingt kilogrammes. Au moment de partir, je m'aperçus que pendant la distribution des vivres, on m'avait volé mon couvre-pieds qui m'était si utile en route. L'étape me parut plus longue qu'elle ne l'était réellement, parce que je ne voulus pas me séparer du bagage dont je m'étais chargé. Pendant une partie de la matinée, nous ne fîmes que monter et descendre des côtes ; mais ensuite, la route devint plus plate et moins fatigante.

Nous arrivâmes enfin, à la tombée de la nuit, après avoir parcouru une vingtaine de kilomètres, dans un endroit habité, qu'un sous-officier prussien me dit être le bourg sans importance de Baden ; mais comme nos ennemis nous trompaient, le plus souvent, quand nous leur demandions les noms des lieux que nous traversions, probablement dans le but de nous égarer, afin d'empêcher des évasions, et que ce bourg ne figurait pas sur les cartes que j'ai consultées depuis, je crois plutôt que c'est à Ober-Steden, près Bittburg, que nous couchâmes. Bien qu'il m'eût été impossible de me rendre compte de sa population, ce bourg me parut, contrairement à ce que m'avait dit le Prussien, avoir une certaine importance.

On nous fit — et c'est l'unique fois, — coucher chez les habitants. Ceux chez lesquels j'étais, avec une dizaine de mes camarades (de mauvais Prussiens sans doute), furent assez bons pour nous, je dois l'avouer, puisque j'ai promis de dire la vérité. Ces gens nous prêtèrent des ustensiles pour faire notre cuisine ; ils mirent aussi à notre disposition un poêle et le combustible nécessaire pour l'alimenter. En outre, ils nous cédèrent une chambre dans laquelle ils avaient étendu de la paille fraîche. Il y avait environ de huit à dix hommes dans chaque ménage.

Le lendemain matin, onze novembre, le départ fut annoncé au moyen d'une espèce de corne, en usage dans l'armée prussienne. Pendant la nuit, il avait neigé un peu, mais dans la matinée la neige disparut, et à onze heures la pluie commença à tomber pour ne cesser que le lendemain. Dans l'après-midi, il neigea de nouveau, ce qui rendit les chemins affreux.

Le nombre des hommes qui restèrent en route fut considérable ; je ne sais comment le détachement put se rendre à destination. Il était environ huit heures quand nous arrivâmes à Gérolstein, village pittoresque, situé dans une vallée sur le Kyll, à cinquante-six kilomètres de Trèves. Ce village, qui a une population de 950 habitants, est renommé par la fabrication du filigrane, des broderies en fil d'or, d'argent et de cuivre, dites *broderies de Gerolstein*. Les ateliers occupaient, nous dit-on, une quarantaine de femmes. Il possède, en outre, une source minérale. Dans les environs se trouve un cratère appelé Plaffenkaub, grotte de Buchenloch et glacière de Roth. Nous traversâmes ce village pour grimper sur un plateau où existaient les ruines d'un ancien château, dont je ne pus connaître l'origine. Nous avions parcouru, ce jour-là, trente-cinq à quarante kilomètres.

Les Prussiens avaient fait transporter un peu de paille sur cet emplacement ; mais la pluie et la neige l'avaient complètement mouillée, de sorte qu'elle ne pouvait nous être d'une utilité quelconque. Les dragons qui nous précédaient, comme toujours, en tête du détachement, étaient si fatigués qu'en arrivant ils tombèrent écrasés par la misère sur cette paille neigeuse. Il se produisit alors un spectacle navrant : nos conducteurs les frappèrent si brutalement avec leurs armes et à coups de pieds, qu'un grand nombre de ces malheureux pleuraient comme des enfants. Cette scène de sauvagerie me fit horriblement souffrir. Je sentis mon sang bouillonner dans mes veines et je dus détourner mes regards de ce tableau hideux, afin de ne pas éclater de rage.

Après avoir examiné notre situation critique, nous décidâmes, mon camarade, un de ses collègues et moi, que nous ne passerions pas la nuit sur cet emplacement, où il y avait une hauteur de cinq centimètres de neige environ mêlée à l'eau de la pluie, et que, coûte que coûte, nous sortirions du campement. Nous laissâmes donc partir les Prussiens et placer les sentinelles ; celles-ci qui, comme nous, avaient marché pendant quatorze heures au moins, sous la pluie et la neige, ne firent sans doute pas un service bien sérieux ; car, après avoir rampé à travers quelques accidents de terrain, pour nous masquer, nous sortîmes du campement sans avoir été inquiétés ; il est vrai que, par un temps si noir, les sentinelles purent parfaitement ne pas nous apercevoir, sans pour cela manquer de vigilance. En arrivant à Gérolstein, nous rencontrâmes un soldat prussien à qui nous demandâmes où nous pourrions loger. Il nous conduisit d'abord dans un hôtel, où l'on refusa de nous recevoir, probablement dans la crainte de n'être pas payé, puis chez un de ses amis, nous dit-il, qui nous accepta : c'est le seul acte d'humanité qu'un soldat prussien ait accompli envers nous.

A notre arrivée on nous fit chauffer du café, qui nous fut servi avec du pain et du beurre. Après le repas, qui se termina sans qu'une parole eût été prononcée de part et d'autre, le maître de la maison nous conduisit dans une chambre au premier étage, où était installé sur le plancher un lit pour nous trois.

Le matin, avant le jour, nous étions debout ; nous reprîmes nos effets mouillés de la veille et nous descendîmes. Ainsi que le soir, on nous avait fait chauffer du café, que nous acceptâmes. Je voulus payer notre dépense, et je m'adressai à la maîtresse de la maison. Comme elle ne comprenait pas le français, ni nous l'allemand, je lui présentai une pièce d'or en lui faisant signe de prélever sur cette pièce la dépense que nous avions faite. Cette femme très sympathique, auprès de laquelle étaient deux grandes et belles jeunes filles, ses enfants, ainsi que son mari, me fit comprendre que nous ne devions rien. Tous paraissaient très émotionnés : on lisait dans leurs regards la compassion. Nous nous séparâmes de ces braves gens, dont je me plais à renonnaître le bon accueil, sans avoir prononcé une parole, mais nos regards parlèrent pour nous : dans les yeux des personnes qui nous avaient abrités on lisait la pitié, dans les nôtres la reconnaissance.

Le détachement passa devant la porte, vers sept heures, pour se rendre à la gare ; nous nous glissâmes dans les rangs sans avoir été aperçus. Nous apprîmes par nos camarades que vingt-cinq ou trente hommes étaient morts de misère dans cette terrible nuit.

A la gare, un train composé de wagons destinés au transport des animaux et arrangés pour la circonstance, était prêt à partir. On nous y fit monter. Ainsi qu'à Sarrelouis, nous y fûmes pressés les uns contre les autres; toutes les portes furent ensuite fermées et nous restâmes dans l'obscurité durant tout le voyage, sans qu'il nous eût été possible de voir le pays que nous traversâmes. Je sais cependant que nous suivîmes la ligne passant par Coblentz, Cologne et Dusseldorf pour arriver à Wesel, puisqu'à Cologne on nous fit descendre dans une gare de marchandises pour nous faire manger des haricots et du riz.

Après une heure d'arrêt, le train se remit en marche pour Wesel, où nous arrivâmes à minuit. Les Prussiens nous firent descendre des wagons et nous laissèrent libres, sans avoir fait aucune distribution de vivres.

A quelques pas de la gare, un vaste chalet, devant servir, en temps ordinaire, de salle de danse, avait été transformé en « établissement d'exploitation des prisonniers français ». L'accès de ce chalet nous fut permis, bien entendu pour nous soutirer le peu d'argent qui nous restait; mais il était rendu difficile par l'exiguïté et le petit nombre des portes. En outre, beaucoup de prisonniers n'avaient plus un sou ; ceux-ci comprirent bien qu'il fallait avoir quelque chose dans ses poches pour entrer dans ce local, et ils préférèrent passer la nuit dehors, dans la neige, plutôt que de s'exposer, une fois dedans, à être brutalisés et mis à la porte. Quelques-uns de mes camarades et moi, nous parvînmes, non sans difficulté, à pénétrer dans cet établissement qui était déjà un peu encombré. Cette pièce, quoique très vaste, n'aurait certainement pu contenir tout le détachement ; cependant, quelques timides n'y entrèrent pas, par leur propre faute.

Un comptoir énorme, sur lequel étaient déposées des provisions considérables, était installé à l'une des extrémités de la salle ; chacun y venait, dans la mesure de ses moyens, acheter quelques vivres ; car l'argent était, ainsi que je l'ai déjà fait connaître, devenu très rare parmi nous. L'adjudant V... et moi, nous en possédions heureusement et nous pûmes acheter ce qui nous était nécessaire. Nous passâmes la nuit à l'abri de la neige et du froid excessif ; nous dormîmes même un peu, accoudés sur la table qui nous avait servi. Les prisonniers qui étaient restés dehors, dans le jardin qui entourait le chalet, eurent à supporter une nuit horrible.

Le lendemain, treize novembre, à la pointe du jour, les Prussiens nous conduisirent aux portes des fortifications de la ville. Là, ils divisèrent le détachement en « Inspections » (dénomination qui doit correspondre en français à compagnies). Cette formation leur prit un temps considérable. L'officier prussien et ses sous-officiers ne montrèrent pas dans ce travail beaucoup d'intelligence, et il est permis de douter que l'armée prussienne soit supérieure à la nôtre. D'ailleurs, dans beaucoup d'autres cas, les Allemands nous firent voir leur gaucherie. Les adjudants, les sergents-majors, les sous-chefs de musique et quelques sergents et sergents-fourriers français furent désignés pour commander ces inspections pendant la marche et pour en assurer la discipline, lorsqu'elles furent rendues à notre cantonnement. En qualité de sergent-major, je fus chargé de diriger une de ces inspections.

Lorsque l'organisation fut terminée, on nous mit en marche ; nous suivîmes les fortifications pendant quelques minutes, puis nous pénétrâmes dans Wesel, que nous traversâmes, afin de nous rendre dans l'île de Buderich, située en amont de la ville, où des prisonniers de Sedan étaient déjà cantonnés.

DEUXIÈME PARTIE

CHAPITRE I

INSTALLATION DU CANTONNEMENT.

Dans cette île, où nous devions rester prisonniers, des baraques étaient en construction; quelques-unes étaient à peu près terminées et pouvaient, tout au moins, nous garantir de la pluie. Un peu de paille fut distribuée à chaque homme. Le baraquement était trop insuffisant pour que chacun pût s'y abriter aisément; il fallut donc nous entasser les uns sur les autres, jusqu'à ce qu'il fût assez complet.

Le lendemain une nouvelle distribution de paille fut faite. Les prisonniers furent aussi répartis en nombre égal dans chaque baraque. Tous les jours il arrivait de nouveaux détachements; mais le nombre des baraques augmentait assez rapidement pour que rien ne fût changé dans l'installation de la mienne. Pendant une quinzaine, nous couchâmes sur la paille, sans couvertures; on en donna ensuite une à chaque prisonnier.

Les baraques qui nous abritaient, au nombre de vingt-cinq, étaient construites en bois de sapin et couvertes en papier bitumé; elles étaient placées sur deux rangées. Une rue principale, large d'une dizaine de mètres, séparait les deux rangées; de petites rues, larges de trois ou quatre mètres, et perpendiculaires à la grande, existaient entre les habitations. D'une longueur d'environ quarante mètres et d'une largeur de dix mètres, chaque baraque pouvait contenir de trois cent cinquante à quatre cents hommes; l'effectif était donc de dix mille hommes environ, attendu que toutes étaient à peu près au complet. De chaque côté de nos logements étaient installés deux lits de camp s'étendant d'un bout à l'autre ; le premier, à quelques centimètres au-dessus du plancher ; le second, à un mètre à peu près au-dessus du premier. Dans le milieu de la baraque, la même installation existait en double, c'est-à-dire que les têtes de deux lits de camp étaient appuyées l'une contre l'autre; en tout huit lits de camp. Dans les rangs du milieu, deux ou trois coupures avaient été pratiquées, afin de permettre de circuler plus librement d'un côté à l'autre. Sans cette précaution, il eût fallu sortir dehors pour parcourir le local, attendu qu'il n'y avait des portes qu'aux extrémités, pour correspondre aux deux couloirs ayant environ un mètre et demi de large. Chaque baraque était commandée par un officier prussien, ayant sous ses ordres deux ou trois sous-officiers et le double de soldats ; les sous-officiers et les soldats prussiens couchaient dans une geôle établie à l'un des bouts de ce logement.

Notre nourriture se composait tantôt d'une soupe faite avec des pois et des haricots, tantôt de riz au gras ou d'une bouillie, surnommée par nous « la colle », parce qu'elle ressemblait à la colle dont se servent, en France, les afficheurs. Le pain, de la même qualité cependant que celui distribué aux troupes prussiennes, était de la couleur de la suie et si mauvais que beaucoup de prisonniers, et j'étais du nombre, ne purent pas s'habituer à en manger. Chaque homme recevait, tous les deux jours, la moitié d'un pain pesant trois kilogrammes environ et ayant une forme rectangulaire.

Des Prussiens étaient venus s'installer près de notre cantonnement, pour se livrer à différents genres de commerce, plus ou moins indélicats, mais principalement pour nous vendre à boire et à manger. Tout en nous volant ouvertement, ils rendirent cependant de grands services à tous ceux d'entre nous qui ne pouvaient pas manger les vivres qui leur étaient distribués. Malheureusement, à notre arrivée à Wesel, l'argent nous manquait et il ne nous était pas facile de nous en procurer ; car, bien que nous eussions écrit immédiatement, les premières lettres de France ne nous parvinrent que dans la dernière dizaine de décembre ; j'en reçus une le vingt-cinq.

L'île de Buderich, que nous occupions, est, ainsi que je l'ai indiqué, située en amont de Wesel. Bien que je ne l'aie jamais parcourue entièrement, ce que les Prussiens empêchaient, sans doute dans la crainte d'évasions, j'estime qu'elle peut avoir une superficie de 20 hectares.

Il existait, à notre arrivée dans cette île, un fortin qui était occupé par un poste prussien, composé de soixante hommes environ. Quelques canons chargés étaient braqués sur nos baraques et prêts à nous mitrailler à la moindre tentative de révolte. De l'autre côté du Rhin, sur la rive gauche, est situé le fort Blücher, commandant parfaitement l'île. Avec sa nombreuse artillerie, ce fort aurait pu nous anéantir en quelques minutes, de sorte qu'une rébellion de notre part n'aurait eu aucune chance de succès ; nous étions pris comme dans un cercle de fer.

Vue de Wesel, on ne pouvait se douter que l'île de Buderich fût habitée par dix mille hommes environ. Les baraques, couvertes en papier bitumé et qui semblaient se tenir toutes, avaient plutôt l'aspect d'un vaste chantier que d'un cantonnement. Comme je l'ai déjà dit, on y arrivait au moyen d'un pont de bateaux. Dès qu'on avait franchi ce pont, on se trouvait en face de sentinelles prussiennes. A ce moment, celui qui ignorait notre présence, car rien ne la faisait supposer, pouvait se demander ce que signifiait cette garde. Il lui suffisait, pour s'en rendre compte, de parcourir, pendant quelques minutes, un chemin mal tracé conduisant aux baraquements et de franchir une porte prati-quée dans une palissade, que gardaient deux factionnaires prussiens. Après avoir dépassé cette porte, on se trouvait en face d'hommes ressemblant encore un peu à des militaires, mais sur la profession desquels il était cepen-dant permis d'avoir des doutes. Ces hommes, aux figures tristes, rêveuses, malades pour la plupart, vêtus de loques ou presque nus, paraissant indifférents à tout ce qui se passait autour d'eux, marchant parce qu'il fallait marcher, vivant parce que le suicide est une lâcheté, c'étaient des soldats français. On ne pouvait pénétrer dans cette enceinte sans sentir un frisson, sans éprouver un sentiment de dégoût, sans avoir tout d'abord reculé d'épouvante. Que nos parents et amis, qui auraient tant désiré nous embrasser, s'estiment heureux de ne pas nous avoir vus dans l'île de Buderich. Leurs regards n'auraient pu supporter le tableau de nos misères, leurs cœurs se seraient déchirés.

En continuant à avancer, l'on pénétrait dans la rue principale que j'ai citée plus haut; on y remarquait quelques soldats et sous-officiers, se promenant deux à deux, le plus souvent sans se parler. Partout régnait un silence de mort; quelquefois, cependant, on pouvait saisir dans leur conversation le mot « France », mais c'était tout.

On arrivait bientôt à l'extrémité du cantonnement que nous occupions. On obliquait à droite pour gagner le bord du Rhin, puis on tournait à gauche. Là se trouvaient des latrines dont je vais parler. Un peu plus loin, on rencontrait une palissade, où existait une porte gardée par un factionnaire. Impossible de dépasser cette limite. Il fallait tourner à gauche, pour suivre la palissade jusqu'à un point occupé par un logement d'officiers prussiens. En dehors de cette barrière se trouvait un fortin en construction, une oseraie et un champ de tir restreint. En avançant encore, on se trouvait près de l'hôpital qui recevait nos malades. Lorsqu'on passait à côté de cet établissement, dont rien n'indiquait la destination, l'attention était appelée par un bruit étrange : on entendait des coups de marteau répétés sur une caisse au son creux : c'étaient des clous qu'on enfonçait dans des planches de sapin mal jointes renfermant un prisonnier pour jamais enlevé à la France, un héros quelquefois, mort sur un grabat, sans consolations d'aucune sorte, en pensant à la Patrie en deuil et à ceux qu'il aimait. Rendu là, il fallait revenir sur ses pas pour longer la palissade d'enceinte, afin de rejoindre la porte par où l'on était entré. Mais il était bien rare qu'on pût faire le tour du cantonnement sans rencontrer un brancard contenant un des nôtres porté par quatre de ses camarades à l'hôpital, ou bien un mort qu'on transportait dans la direction du village de Buderich. Quand on avait effectué ce trajet, on sortait de l'île, écrasé par la douleur et sans oser regarder en arrière : on se sentait soulagé d'un poids énorme en quittant ce sol qui paraissait maudit, où l'on ne voyait que la misère, les maladies les plus terribles et la mort.

Voilà à peu près ce qu'était notre lieu de résidence. Le lecteur comprendra sans peine avec quelle joie les sous-officiers, qui possédèrent plus tard des permissions, quittaient, pendant quelques heures, ce lieu de douleur pour aller à Wesel, et quel pouvait être leur dégoût d'y rentrer.

Dès que toutes les troupes furent arrivées et installées, les Prussiens commandèrent journellement un certain nombre d'hommes, par inspection, pour aller, à tour de rôle, travailler dans l'île à la construction d'un nouveau fortin ; des sergents, des sergents-fourriers et des caporaux étaient chargés de la surveillance de ces travailleurs ; les adjudants, les sous-chefs de musique et les sergents-majors furent exemptés de cette surveillance.

Il y avait avec nous quelques turcos, que les Prussiens ne purent pas arriver à discipliner et à faire travailler. Un jour que ces soldats étaient occupés à niveler le terrain du cantonnement, mon attention fut appelée par les rires extraordinaires des Français et les jurements des Teutons. Voici ce qui se passait :

Les turcos travaillaient sous la surveillance de nos gardiens ayant leurs fusils chargés. Aussitôt qu'un de ceux-ci se retournait, il recevait une ou plusieurs pelletées de sable sur le dos. L'individu frappé se lançait, avec son fusil, sur les turcos qu'il croyait coupables de cette insulte ; mais il n'avait pas fait deux pas en avant qu'il était couvert de terre, et il ne savait plus sur qui courir. Ces malheureux algériens ne comprenaient pas leur situation ; aussi payaient-ils chèrement les farces qu'ils faisaient à leurs surveillants : on les laissa dans le plus misérable état, presque nus. Par un froid dépassant souvent vingt degrés au-dessous de zéro, ils étaient vêtus de leurs pantalons de toile tout déchirés, laissant voir leurs maigres genoux, et de quelques loques qu'ils se jetaient sur les épaules. Les Prussiens, après avoir reconnu l'impossibilité de soumettre ces soldats à leur servitude, les enfermèrent, nous assura-t-on, dans un fort, et nous ne les revîmes plus.

CHAPITRE II

SORTIES DE L'ÎLE DE QUELQUES SOUS-OFFICIERS.

Les sous-officiers exempts de la surveillance des corvées, n'ayant pas grand'chose à faire (tout au plus quelques bons pour toucher des chemises et des souliers destinés aux soldats presque nus), quelques commandants pensèrent qu'ils pouvaient en autoriser un certain nombre à aller à Wesel. A cet effet, ils délivrèrent trois ou quatre permissions par baraque à ceux qui leur plaisaient le mieux : il paraît que dans la mienne les sous-officiers n'avaient pas réussi à gagner la confiance du commandant, puisqu'il n'en donna aucune. Le fait est qu'on aurait pu croire que nous avions été triés parmi les plus insoumis ; nous ne cherchions qu'une chose : limiter notre insoumission et nos regards impertinents juste au point d'éviter de donner à cet officier la satisfaction de nous punir.

Cependant, ainsi que le lecteur le verra, cela ne m'empêcha pas d'aller, comme les protégés, me promener en ville, de dix à quatre heures, durée de chaque sortie. L'adjudant V..., de qui j'ai parlé déjà, qui avait été assez heureux pour obtenir une de ces permissions, s'était abonné à la lecture. En versant un mois d'avance, le libraire lui avait délivré un reçu revêtu d'un magnifique cachet à l'encre bleue. Depuis longtemps, j'avais envie de posséder cette pièce, afin d'en faire usage pour sortir du camp, lorsqu'un jour en sortant, cet adjudant, pour m'agacer, parce qu'il me savait très contrarié de ne pouvoir aller à Wesel, me demanda si je voulais l'y accompagner. A cette moquerie, je lui répondis : « Il ne tient qu'à vous, mon cher camarade, de me procurer ce plaisir ; vous possédez une quittance d'abonnement à la lecture ; prêtez-la moi et je vous promets de vous suivre immédiatement. » Il se mit à rire, en me disant que les Prussiens n'étaient pas assez « bouchés » (c'est le mot dont il se servit), pour se laisser tromper si grossièrement. J'insistai. Il me donna sa quittance. « Partons », lui dis-je.

En arrivant à la porte de sortie, le factionnaire s'approcha de nous pour lire nos permissions. Je laissai mon camarade présenter la sienne. Le Prussien la lut et lui dit, comme d'habitude : « Gut, gut », (bon, bon). A mon tour, je lui tendis ma fausse pièce, en ayant la précaution de la placer sous mes doigts, de manière que l'écriture ne se vît point et que le cachet seul fût, au contraire, bien apparent. A la vue d'une s belle empreinte, le factionnaire fut satisfait et il me dit, comme à l'adjudant V..., avec un air de satisfaction du devoir accompli : « Gut, gut ». Encouragé par ce plein succès, j'employai largement ce subterfuge; toutefois, par mesure de prudence, j'avais le soin de sortir toujours avec quelqu'un possédant une vraie permission, que je laissais passer avant moi, parce que le factionnaire n'en lisait généralement qu'une (ce n'était jamais la mienne), se contentant de regarder les autres de loin. Nous allions donc, chaque jour ou à peu près, nous promener à Wesel.

Cette ville forte, située sur la rive droite du Rhin, au confluent de la rivière la Lippe et de ce fleuve, à vingt-neuf kilomètres E.-S.-E. de Clèves, possède une population de quatorze mille habitants. On y remarque un gymnase, un jardin botanique et une industrie très active de tissus, de produits chimiques, etc. Elle est gardée par quelques forts, dont le principal porte le nom du général qui arriva à la place de Grouchy à Waterloo, je veux dire Blücher. Cette cité manquant d'intérêt pour nous, qui ne pouvions fréquenter les lieux publics de ce genre, nous passions notre temps dans les brasseries.

Les habitants nous recevaient assez bien, dans le but certainement d'échanger leurs marchandises contre notre argent ; beaucoup même paraissaient nous porter intérêt ; ils ne pouvaient être tous sincères ! Les militaires prussiens que nous rencontrions à chaque sortie, ne furent jamais insolents envers nous. Nous avions constaté si souvent, hélas ! leur brutalité et leur sauvagerie à notre égard, que nous n'avons jamais compris ce changement. Tout se passait donc ainsi : les soldats travaillaient à la construction du fortin ; les sergents, les sergents-fourriers et les caporaux les surveillaient ; les adjudants, les sous-chefs de musique et les sergents-majors allaient en ville, ceux qui avaient des permissions ou qui, comme moi, trompaient nos gardiens ; les autres occupaient généralement leur temps à jouer aux cartes, soit dans les baraques, soit dans les cantines.

Cependant ce n'était pas tout ce qui se passait dans l'île de Buderich. En dehors de ce que je viens d'énumérer, les prisonniers se livraient à toutes sortes de recherches pour se venger des brutalités et des humiliations exercées sur eux par les Prussiens, ainsi que des vols « déguisés » dont ils étaient victimes.

Un matin, nous fûmes fort surpris d'apprendre, par nos geôliers, que les prisonniers avaient dévalisé une cantine. Le fait était exact, et le chef de la bande était un sergent-fourrier de mon régiment. Les Allemands eurent beau faire des enquêtes, ils ne découvrirent jamais les voleurs que nous connaissions tous. Les marchandises soustraites (car on ne vola pas d'argent, ni de mobilier), furent consommées dans les baraques, sous les yeux des Prussiens, qui ne s'en doutèrent même pas.

Un autre jour, nous apprîmes qu'un factionnaire prussien avait été jeté pendant la nuit dans le Rhin, où, le matin, on l'avait trouvé planté debout au milieu des glaçons. Je ne le vis pas, mais un de mes camarades se trouvait présent lorsqu'on retira son cadavre. Enfin, une autre fois, à peu près dans le même moment, nous eûmes connaissance d'un fait aussi audacieux qu'extraordinaire.

Les Allemands avaient installé des latrines

sur le côté d'un remblai, élevé de plusieurs mètres. Elles consistaient en une planche pour s'asseoir et une autre sur laquelle reposaient les pieds de la personne assise ; dessous était le vide ; à deux mètres en arrière était établie une palissade qui masquait ces latrines aux yeux des prisonniers. Un soldat prussien était, paraît-il, assis dans la plus parfaite tranquillité, quand deux compères français, qui avaient mûri un projet et guettaient le moyen de l'exécuter, vinrent s'asseoir à ses côtés ; quelques secondes après, le Teuton, sur la poitrine duquel les deux bras français s'étaient appuyés avec précision, fut renversé d'une hauteur de deux ou trois mètres dans la fosse. Ses cris extraordinaires mirent tout le cantonnement sur le qui-vive, et je ne sais si les Prussiens ne coururent pas prendre les armes. Quand il fut retiré, ce qui n'avait pas dû être chose facile, les deux compères étaient en lieu sûr. On m'affirma que ce n'était pas le premier qui faisait ce plongeon peu agréable et qui n'était pas précisément un bain de propreté.

Dans les premiers jours de décembre, nous apprîmes par la voie des journaux belges, qu'une émeute s'était produite à Coblentz. Cette nouvelle nous fut confirmée par l'établissement immédiat, dans l'île, d'un télégraphe aérien devant correspondre avec les forts de la ville, notamment avec le fort Blücher. Le poste chargé de notre garde, et dont j'ai parlé, fut considérablement renforcé pendant la nuit.

A la suite des pluies torrentielles de la fin de novembre, le Rhin monta sensiblement pendant quelques jours. Les ponts de bateaux, les seuls existants d'ailleurs, furent enlevés, parce qu'ils étaient exposés à être détruits par les glaçons qui étaient venus se joindre à la crue, de sorte que nous restâmes complètement isolés dans notre île. L'eau continua à monter pendant quelques jours encore et pénétra dans plusieurs logements. La situation devenait inquiétante, car nous étions menacés d'être entièrement envahis par l'inondation et les glaces que nous ne pouvions fuir. Pendant deux jours, nous fûmes sans pain, parce que le bateau à vapeur chargé de nous en apporter, depuis la suppression des ponts, ne pouvait plus se risquer à travers les glaçons charriés par le Rhin. Cependant nous en fûmes quittes pour la peur et pour avoir souffert de la faim.

Vers le vingt décembre seulement, ainsi que je l'ai déjà dit, des lettres de France commencèrent à nous parvenir ; bien entendu, elles ne disaient rien de la guerre, qui se prolongeait, nous le savions.

A la réception de ces lettres, nos cœurs débordèrent de joie. Plusieurs prisonniers versèrent des larmes sur ce papier venant de notre cher pays et qui avait déjà été arrosé par celles de nos parents. Ces lettres ne nous apportaient pas toutes de bonnes nouvelles : combien d'absents depuis le mois d'août! Beaucoup d'entre nous, surtout ceux dont les familles habitaient les pays envahis, ne reçurent rien. Hélas! c'est que plusieurs avaient tout perdu : père, mère, frères, sœurs et amis. Ces malheureux attendant toujours un mot de ceux qui leur étaient chers, et ne recevant rien, étaient bien à plaindre! Je m'associai souvent à leur douleur.

Les lettres que nous recevions renfermaient pour la plupart de l'argent, ce qui rétablit un peu nos ressources, fortement compromises chez les uns et épuisées chez les autres. Ceux-ci étaient en grande majorité.

Le premier janvier étant prochain, il fut décidé, entre quelques-uns de mes camarades et moi, que nous irions, ce jour-là, dîner à Wesel.

CHAPITRE III

PROJET D'ÉVASION.

Depuis quelque temps déjà, j'avais la pensée de m'évader pour rentrer en France. Les jours qui se succédaient et se ressemblaient tous, devenaient monotones et accablants pour moi, et je ne dormais plus, tant cette idée me préoccupait. En outre, les maladies les plus terribles commençaient à sévir horriblement et la vermine nous dévorait. Je parlai de mon projet à l'adjudant V..., mais à lui seul, parce que, pour une question si délicate, il fallait agir avec une extrême prudence. Cet adjudant, qui avait beaucoup plus d'expérience que moi, me fit remarquer les obstacles qu'il entrevoyait : je ne pouvais, par exemple, partir habillé en militaire ; je ne possédais ni effets civils, ni cartes, ni itinéraire ; depuis quelque temps les Prussiens nous surveillaient beaucoup ; enfin, je ne connaissais pas un mot d'allemand. Il ajouta que mon projet ne présentait que de grands dangers, aucune chance de succès, et lui semblait impossible à réaliser. A moins d'être de mauvaise foi, je ne pouvais moins faire que de reconnaître que mon camarade avait raison sur plusieurs points ; mais, emporté par le feu de la jeunesse, je n'admis pas qu'une évasion fût irréalisable. Je lui exposai, à mon tour, la possibilité d'accomplir ce que j'avais en tête, mais sans réussir, cependant, à le convaincre ; enfin, quand je vis que je ne pouvais faire entrer cet adjudant dans mes idées, je finis par lui dire ceci :

« Je suis jeune, robuste, courageux, et j'ai la certitude que je réussirai dans mon entreprise. Si je venais à échouer, tant pis ; mais je mourrai ailleurs que dans l'île de Buderich, où je ne vis plus. Si j'y reste encore quelque temps, je tomberai malade de chagrin ; et que se passera-t-il ? Il faut donc que je parte le plus tôt possible ; rien ne pourra m'arrêter. » Connaissant mon tempérament, l'adjudant V... vit bien que rien ne changerait mon idée ; il finit donc par me dire qu'il ne s'opposait plus à ma détermination, et il me proposa même de m'aider de ses conseils et de sa bourse, s'il m'était agréable de recourir à lui.

A partir de ce moment, mon seul souci fut de chercher des moyens d'évasion.

L'autorité militaire avait accordé à plusieurs commerçants de Wesel des prisonniers parlant la langue allemande, des Alsaciens, pour les aider dans leurs travaux. Ceux-ci étaient nourris, blanchis et payés (peu cher, il est vrai), par les personnes qui les employaient. Depuis quelque temps, ils répandaient dans l'île le bruit que des Hollandais cherchaient à favoriser l'évasion des prisonniers français. Ce bruit n'avait, je crois, aucun fondement.

Je connaissais un caporal de mon régiment, qui travaillait dans un hôtel. Je lui demandai si ce que l'on disait à ce sujet était vrai ; sur sa réponse affirmative, je l'informai, non sans crainte, — attendu que j'aurais préféré faire moi-même mes affaires, — que j'avais l'intention de m'évader, et je le priai de chercher quelqu'un qui voulût bien me prendre sous sa garde jusqu'en Hollande. J'offris de payer, non seulement mon voyage, mais aussi celui de la personne qui m'accompagnerait. Cet individu, dont je constatai bientôt la légèreté, me répondit qu'il connaissait un négociant faisant ce voyage une fois par semaine, estimant beaucoup les Français, et qui se ferait un plaisir de m'emmener, même à ses frais. Ma joie était à son comble. Le jour suivant, je devais connaître le résultat de la démarche faite auprès de ce négociant. Cette nuit fut encore plus mauvaise que les précédentes, je ne dormis pas du tout. Le lendemain matin le caporal vint, en effet, me prévenir qu'il avait pleinement réussi, et que le négociant en question m'attendrait, à telle heure, chez sa sœur, demeurant telle rue, tel numéro, à Wesel.

Je me présentai, à l'heure indiquée, à l'adresse qui m'avait été donnée. Je fus reçu, comme je m'y attendais d'ailleurs, par le caporal en question et une très charmante jeune fille parlant assez bien français. Après quelques paroles de circonstance, cette jeune fille me présenta un siège ; puis, abordant l'affaire qui m'amenait, elle me fit connaître les bonnes intentions de son frère, qui ne tarderait pas à venir. J'attendis pendant deux heures l'arrivée de ce monsieur, qui ne vint pas. Cette aimable personne se mit au piano ; elle joua avec autant de grâce que de savoir plusieurs morceaux de musique de Beethoven, de Strauss et de Schubert, notamment, de ce dernier, la valse *Le Charme*, du deuxième *Faust aux Enfers ;* enfin, du premier, une marche funèbre bien connue.

Triste coïncidence des choses de la vie ! Cette marche fut jouée au moment où je perdais tout espoir de voir arriver l'homme qui devait me sauver et où je voyais échouer ma première tentative. Cette musique m'attrista tant que je ne sais si, en m'examinant attentivement, on n'eût pas remarqué sur mon visage quelques larmes ; car on sait que si la musique a le don de réjouir les gens heureux, elle a aussi celui d'attrister les malheureux.

L'heure de la rentrée au camp étant arrivée, je dus me retirer, non sans avoir remercié ma protectrice de son bon accueil. En la quittant, elle m'affirma de nouveau son dévouement, en ajoutant que son frère ne tarderait pas à m'emmener.

J'étais très abattu, et je rentrai le cœur gros de douleur ; cependant, après avoir réfléchi qu'il me restait une protectrice dévouée, je repris courage et je conservai l'espoir de réussir dans mon entreprise. Cette affaire traîna pendant quelques jours, qui me parurent des siècles, et durant lesquels le caporal me donnait, de temps en temps, l'espoir que je partirais incessamment. Mais tout à coup, je ne le

6.

vis plus et je n'entendis parler de rien ; je compris, mais un peu tard, que j'avais été, sinon trompé, du moins encouragé dans mon entreprise par des personnes peu sérieuses et sans influence : il est probable que le frère, à qui on avait fait jouer un rôle, ne sut jamais rien de l'affaire, ou bien qu'au dernier moment, il ne voulut pas s'exposer aux foudres prussiennes. Je ne cherchai pas à rencontrer le caporal, qui, d'ailleurs, me fuyait. Me voyant condamné à rester prisonnier, si je comptais sur quelqu'un, je résolus de m'occuper moi-même de mes affaires et de partir, coûte que coûte.

Le temps marchait à grands pas. Le trente et un décembre était arrivé. Ainsi que je l'ai déjà dit, il avait été convenu avec mes camarades que nous dînerions à Wesel, le premier janvier ; nous décidâmes que nous partirions de l'île, à midi, le lendemain.

Nous étions au nombre de huit, dont deux adjudants, trois sergents-majors, un maréchal des logis, un caporal et un brigadier de dragons. Nous n'avions que deux permissions pour sortir ; il fallait donc chercher à nous en procurer d'autres. L'un de nous connaissait un sergent-major alsacien, du 6e régiment de ligne, qui, en raison de ce qu'il parlait bien l'allemand, avait été désigné par le commandant du camp pour faire préparer les fosses nécessaires pour enterrer nos morts, qui étaient très nombreux ; car, depuis quelque temps, les épidémies, (fièvre typhoïde, petite vérole, typhus, etc.,) faisaient des ravages épouvantables à l'hôpital, dont j'ai parlé. On avait, à cet effet, adjoint à ce sergent-major quatre soldats. L'autorité militaire, afin de lui permettre de circuler librement de l'île à Buderich et à Wesel, lui avait délivré une permission valable pour lui et ses quatre fossoyeurs. Cette pièce nous fut prêtée, et sept sorties furent assurées : ma quittance était la huitième permission.

Le lendemain, à midi, nous étions prêts à partir. Cependant, un petit obstacle que nous n'avions pas prévu la veille, se présenta au dernier moment, mais il fut vite surmonté : il s'agissait du caporal ne pouvant sortir avec ses galons de laine et qui emprunta un manteau de dragon pour cacher ses insignes.

Nous avions parmi nous un adjudant de cavalerie qui parlait l'allemand ; il nous proposa de nous conduire dans un hôtel où il allait quelquefois, nous assurant que nous serions bien servis pour peu d'argent. A l'unanimité, nous l'acceptâmes pour notre cicerone. Nous nous présentâmes à la porte de sortie. Le factionnaire, après avoir lu une ou deux permissions, nous laissa passer. Il était environ une heure, quand nous arrivâmes à l'hôtel en question, dont j'ai oublié le nom. En attendant que le dîner commandé par notre cicerone fût prêt, nous nous fîmes apporter quelques consommations.

Au bout d'une heure, n'entendant parler de rien, nous commençâmes à tourmenter notre adjudant. Il s'informa auprès du garçon où en était le dîner et nous dit que nous allions être servis. Enfin, après une demi-heure d'attente encore, le garçon vint nous avertir de nous mettre à table, dans un cabinet préparé pour nous. Il était, à ce moment-là, près de trois heures. On nous apporta des pommes de terre et des saucisses (mets favori des Prussiens), mais en petite quantité. Nous commandâmes au garçon de nous donner la suite. C'était fini ; on ne nous servit plus rien et celui-ci ne reparut plus. Nous accusâmes de légèreté l'adjudant qui nous avait conduits dans cet hôtel, et, impatients, nous allâmes trouver l'hôtelier, afin de savoir pourquoi on nous faisait ainsi attendre les plats. Il nous répondit, avec un flegme révoltant, qu'il n'y avait plus rien à l'hôtel.

Pour quelle cause refusa-t-on de nous servir un repas complet? Nous avons supposé que ces gens craignirent de ne pas être payés. Nous demandâmes alors notre compte qui s'élevait à soixante-quinze centimes par tête, que nous payâmes. Il était trois heures et demie et, par conséquent, l'heure de rentrer au camp. Mais nous avions plus faim qu'avant de nous mettre à table ; ce qui n'était pas gai pour un premier janvier que nous nous étions promis de fêter dans la mesure de nos moyens.

Il fallait donc, avant de rentrer dans notre île, faire un repas complet. L'adjudant V..., mon inséparable ami, me prit à part pour m'informer qu'il ne rentrerait certainement pas avant d'avoir dîné, puisqu'il était venu à Wesel pour cela, et il me demanda si je voulais le suivre ; ce que j'acceptai sans hésiter. « Je vais, me dit-il, proposer à nos camarades de venir avec nous à l'hôtel Victoria, où l'on mange bien ; j'en suis sûr, j'y ai dîné déjà ; et, s'ils ne veulent pas, nous nous y rendrons seuls. » La proposition fut soumise et acceptée à l'unanimité avec des gestes et des cris : « A l'hôtel Victoria ! » Nous partîmes de suite, et dix minutes après, nous y étions arrivés.

Mon ami demanda au maître de l'établissement s'il pourrait nous servir immédiatement un bon dîner. Celui-ci lui répondit qu'il fallait attendre une demi-heure environ, le temps nécessaire à le préparer. Nous étions un peu contrariés de ne pouvoir commencer de suite, parce que ce retard nous mettait en flagrant délit; mais notre parti fut vite pris : avant tout, il fallait satisfaire notre faim et oublier pendant un instant les Prussiens.

A quatre heures un quart seulement, tout étant prêt, nous nous mîmes à table. Les mets étaient excellents pour nous, qui avions jeûné si longtemps ; et, comme nous avions tous bon appétit, ce repas promettait d'être un véritable festin. Nous étions servis par un soldat français, employé en qualité de garçon de salle, ce qui augmentait encore notre plaisir. Tout marchait pour le mieux ; nous mangions bien et nous buvions mieux encore ; le « Rhein-Weine » était excellent.

L'aspect de cette réunion contrastait singulièrement avec celui de notre existence journalière. Dans notre île, chacun de nous mangeait dans une écuelle de terre du modèle de celles que nous, Français, nous destinons à nos chiens. Des tables, il n'y en avait pas ; des bancs non plus ; de sorte qu'à moins d'absorber debout notre nourriture, ce qui ne demandait pas longtemps, il est vrai, nous étions forcés de nous asseoir sur le lit de camp. Nous mangions parce qu'il le fallait pour ne pas mourir, mais nos repas étaient moins un moment agréable qu'une corvée.

Dans chaque baraque, lorsque le baquet arrivait, porté par deux hommes, le chef de l'inspection à laquelle il était destiné faisait distribuer son contenu (potage ou « colle ») à tous les autres sous-officiers, ainsi qu'aux soldats qui venaient présenter leurs écuelles. Chacun s'empressait de manger sans dire un mot ; en quelques minutes, tout était fini.

Là, au contraire, nous étions réunis, nous nous sentions les coudes autour d'une table, sur laquelle s'étalaient une nappe bien blanche, des mets appétissants, du vin du Rhin, etc., etc. On comprendra, sans que j'aie besoin d'en dire plus long, que nous ne pouvions être indifférents à ce luxe dont nous étions privés depuis six mois ; que nos langues s'étaient déliées, et que nous devions être d'une gaieté folle : c'est ce qui existait. On pouvait lire sur nos visages le bonheur que nous éprouvions de nous trouver éloignés de l'île de Buderich. La gaieté, exclue de ce lieu, présidait à notre réunion ; mais elle était moins motivée, je m'empresse de le dire, et l'on me croira, par la présence du dîner que par la joie que nous causait la physionomie de ce repas de famille. Comme dans nos garnisons, nous nous trouvions dans un lieu public, tous les grades inférieurs de l'armée, depuis le caporal et le brigadier jusqu'à l'adjudant.

Evidemment, les mets et le vin du Rhin ne furent pas étrangers à notre allégresse.

Parmi nous se trouvaient des Parisiens (les boute-en-train des régiments), auprès desquels il était bien difficile de ne pas se dérider. Le Parisien est unique dans son genre, et s'il n'est pas toujours le soldat le plus facile à diriger (les Parisiens me pardonneront ces paroles, car beaucoup savent combien je les aime), il possède une grande qualité qui consiste à égayer ses camarades, dans les plus tristes moments de la vie. Nous parlions de la France, de nos parents, de nos amis communs, de notre vie de garnison, de nos farces, enfin de toutes espèces de choses amusantes. De l'île de Buderich, il n'en était pas question, attendu que nous avions oublié depuis le commencement du repas qu'elle existât encore ; mais nos geôliers allaient nous en faire souvenir dans quelques minutes.

CHAPITRE IV

NOTRE ARRESTATION A WESEL

Nous allions attaquer le dessert quand, tout à coup, deux officiers prussiens firent irruption dans la salle; ces charmants Teutons s'assirent tout près de nous. L'un de ces officiers, grand, brun, les moustaches cirées et porteur des indispensables lunettes (il y a lieu de supposer qu'elles font partie de l'ordonnance de l'armée prussienne), paraissait remuant, actif. En arrivant, il nous toisa du haut de sa grandeur, en prenant une pose digne d'un suisse de cathédrale dans l'exercice de ses fonctions, emploi qui, à mon avis, lui eût mieux convenu que celui d'officier. Par son tempérament, il semblait avoir acquis une certaine autorité sur son camarade. Cet officier ne cessa, pendant

les quelques minutes qu'il resta assis, de darder
sur nous des yeux méchants, haineux ; mais
il en fut, à son grand regret sans doute, pou[r]
ses frais de pose et de menaces muettes : o[n]
ne pouvait intimider des hommes qui, comm[e]
nous, ne craignaient plus rien, pas même l[a]
mort. Nous ripostâmes donc à ses attaque[s]
par des regards superlativement impertinent[s]
qui ne lui échappèrent point, et qu'il nous f[it]
payer au centuple, ainsi que le lecteur le verr[a].

L'autre officier, se disant ingénieur de l'Et[at]
(nous les connaissions tous) avait une face d[e]
boule-dogue. Il était le contraire de l'autre : pa[s]
remuant du tout, ayant toujours l'air de dorm[ir]
sous ses lunettes, mais ne dormant pas cepen[-]
dant quand il s'agissait de surveiller les prison[-]
niers français. D'un blond roux, barbu, m[al]
tourné, gros déjà, bien qu'il n'eût qu'une tren[-]
taine d'années, il produisait un effet ridicul[e]
sous l'uniforme. Le métier de maquignon o[u]
de marchand eût mieux convenu à son phy[-]
sique commun ; avec sa figure de prospérit[é]
il n'aurait pas manqué de produire de l'eff[et]
devant un comptoir quelconque. Placé à cô[té]
de son camarade dont il subissait la dominatio[n]
il avait l'air d'attendre que son maître lui f[ît]
signe de nous dévorer : c'était bien le plus d[e]

goûtant personnage qu'on puisse imaginer et l'ennemi le plus acharné des Français.

Certains ennemis sont estimables, parce qu'ils montrent de la grandeur d'âme. Celui-ci fut implacable ; il chercha journellement à nous humilier, et il y réussit quelquefois ; mais il eut à supporter souvent des ripostes, aussi adroites que mordantes, qui auraient dû cependant diminuer son orgueil. Je n'en citerai qu'un exemple. Un jour, après un appel, s'adressant à nous qui parlions de cavalerie, je ne sais trop à quel sujet, cet officier nous dit brutalement, sans que nous l'eussions provoqué : Les Français montent à cheval comme des « *couchons* ». L'un de nous, placé au centre du groupe, lui répondit : Et vous, vous parlez français comme un « couchon ». Il chercha des yeux cet osé vaincu, mais inutilement. Un autre sous-officier, non moins hardi, ajouta : Les dragons, à Gravelotte, et les chasseurs d'Afrique, dans plusieurs endroits, vous ont fait sentir s'ils montent à cheval comme des « couchons ».

Notre provocateur fut tellement écrasé par ce double coup qu'il partit comme un lâche, au son des rires fous partant de notre groupe.

Nous étions bien loin de penser à ces misé-

rables ; nous avions, à ce moment, oublié toute
nos souffrances passées et nous n'étions plus e
garde contre celles du lendemain, ce qui pein
suffisamment le caractère français.

L'arrivée de ces deux officiers, bien qu'ell
fût inattendue et gênante, ne nous inquiéta pa
cependant outre mesure. Dès qu'ils furent assis
ils appelèrent le garçon de salle qui nous ser
vait, afin de lui demander pourquoi nous n
nous étions pas levés à leur arrivée. Celui-c
leur fit connaître que nous ignorions que le
règlements militaires prussiens prescrivissen
cette marque de respect, à l'égard des officiers
Ce soldat vint ensuite nous faire connaître l
vif mécontentement de ces deux ennemis outré
dont l'un commandait la baraque de mon am
l'adjudant V..., et l'autre, tout en commandan
également une baraque, était employé au se
vice de la place.

En ce qui me concerne, j'aurais certaine
ment mieux aimé passer toute la durée de m
captivité à la prison plutôt que de me lever
l'arrivée d'un Prussien dans un établissemer
public ; et j'ose affirmer que, comme moi, tou
mes camarades n'eussent pas hésité à préfére
également une punition, si sévère qu'elle pû
être, la mort, s'il l'eût fallu, à l'humiliatio

que ces brutes voulaient obtenir de nous.

L'officier qui connaissait mon ami l'appela afin de lui demander pourquoi nous étions encore à Wesel à une heure si tardive. Celui-ci lui fit connaître ce qui nous était arrivé. Cet officier, prenant alors un air de pitié (il jouait bien son rôle de Prussien), lui dit d'un ton mielleux, presque protecteur : « Soyez tranquille et continuez, ainsi que vos camarades, votre dîner ; vous avez le temps de partir. » Les Allemands, qu'on le sache bien, possèdent, outre la brutalité qui est pour eux un art, la fausseté raffinée dans toute l'acception du mot.

Quand l'adjudant V... nous eut répété l'entretien qu'il avait eu avec ce grotesque officier, dont la protection nous paraissait acquise (ignorants que nous étions, tant il est vrai que l'on juge toujours les autres d'après soi), notre première impression de crainte disparut et nous nous trouvâmes tout à fait à l'aise. De contentement, nous fîmes apporter quelques bouteilles de vin du Rhin.

Nous venions cependant d'être trompés d'une manière inqualifiable par ce personnage qui avait semblé s'intéresser à notre triste sort ordinaire, afin de mieux accomplir son acte perfide, mais sur les lèvres duquel nous eussions dû voir du fiel. Car, d'après ce qui nous fut dit plus tard, il aurait voulu tenir le dernier Français sous le talon de sa botte. Nous fîmes donc une grande faute en l'écoutant : nous eussions dû partir aussitôt l'arrivée de nos tyrans, pour leur retirer tout au moins la satisfaction de nous arrêter, ce qui aurait pu atténuer notre punition, mais non l'éviter. Les paroles que nous avions entendues n'avaient qu'un but : nous retenir le temps nécessaire à l'accomplissement d'un acte qu'aucun officier français, et à la gloire de notre armée, n'eût commis en pareille circonstance. Il fallait être Allemand pour agir si rigoureusement à l'égard de malheureux comme nous. Les officiers français n'auraient certainement fait que rire de l'audace de prisonniers prussiens qui auraient fait une chose pareille, s'ils en eussent été capables.

Nous nous étions bien aperçus de l'absence de l'autre officier ; mais nous ne pouvions supposer, d'après ce que venait de nous dire son collègue, qu'il était allé chercher la garde d'un poste voisin de l'hôtel pour nous arrêter. Quelques minutes s'étaient à peine écoulées depuis son départ, quand nous entendîmes un bruit d'armes venant de la rue. Au même instant, la porte de l'hôtel fut ouverte brusquement, et nous vîmes huit ou dix soldats en armes et l'officier en tête, sabre au poing. Ce monsieur se découvrit (je ne sais pourquoi) et nous dit en mauvais français, en accentuant fortement :

« Messieurs, vous oubliez sans doute que « vous êtes prisonniers français ; suivez-moi ! »

A cette injonction, tous nos yeux se rencontrèrent pour s'interroger sur ce que nous devions faire. Hélas ! qu'y avait-il à faire ? Rien, si ce n'est obéir. Nous étions à ce moment doublement prisonniers, et une révolte eût été un moment de folie. En effet, il n'y avait pour éviter qu'on nous emmenât qu'un seul moyen qui consistait à désarmer notre garde, ce qui n'eût pas été impossible pour des hommes ne craignant plus rien, mais au prix de quelques morts. En admettant que nous eussions réussi à désarmer ces hommes, qu'aurions-nous fait ensuite ? que serions-nous devenus ? La population se serait rangée du côté de l'armée, chose bien naturelle, et nous eussions pu succomber tous sous les coups. Ceux d'entre nous qui auraient réussi à s'échapper des mains des assaillants, n'auraient pas manqué d'être arrêtés avant d'arriver en Hollande ; nous n'avions donc, en nous révoltant, que la mort à attendre.

Il est vrai qu'elle nous effrayait peu ; mais je n'aurais pas voulu, pour ma part, me mettre dans ses griffes si maladroitement.

Je reviens à la question. Nous demandâmes aussitôt notre compte au maître de l'établissement, qui fut lui-même menacé d'une punition pour s'être permis : 1º d'avoir servi à manger à des prisonniers français dans une salle où des officiers prussiens prenaient leur pension (ils étaient du nombre) ; 2º pour nous avoir gardés après l'heure indiquée par le commandant de la Place pour la rentrée dans l'île ; on nous dit plus tard que les débitants avaient reçu de l'autorité militaire, alors dominante, l'ordre de « chasser » les prisonniers de chez eux à quatre heures précises. Le compte fut fait à la hâte, mais pas assez vite cependant aux yeux de l'officier qui nous invita plusieurs fois à nous presser davantage ; nous devions la somme de trente-deux francs que nous payâmes.

Pendant cette opération, l'autre officier, qui n'avait pas quitté l'établissement, resta assis dans un coin, prêt à donner main-forte à son « courageux » camarade, nous guettant comme l'oiseau de proie guette sa future victime. Nous sortîmes ensuite de l'hôtel pour nous placer entre les baïonnettes prussiennes. La petite troupe se mit en marche et fut dirigée sur le poste qui avait fourni les soldats chargés de nous conduire. L'officier marchait en tête, sabre dégaîné, d'un air victorieux, et il y avait de quoi !

Arrivés dans ce poste, où étaient couchés quelques soldats, notre ennemi s'assit à une table graisseuse et, éclairé par une lampe fumante, se mit à rédiger un rapport qu'il dut expédier sans doute au commandant de la place. Tout en écrivant, ce brave militaire, puant d'orgueil et chargé de haine à notre égard, nous fit remarquer avec son accent tudesque que nous nous étions mis dans un cas « bunissaple » et que nous serions « bunis » sévèrement. Nous ne pûmes, cela se comprend, nous empêcher d'éclater de rire en entendant ce français dit d'un ton solennel et accompagné de gestes dramatiques. Cela ne radoucit certainement point le Teuton, qui nous foudroya de son regard haineux, mais sans réussir à nous faire taire. Cet officier eut, dans cette circonstance, le mérite d'agir ouvertement en nous promettant une punition sévère. Je suis sûr qu'il ne manqua pas à sa parole, attendu qu'il nous montra, je le répète, une haine implacable durant le temps qu'il passa avec nous à établir son acte d'accusation, qui était certainement aussi méchant qu'il devait être long, si on en juge par le temps qu'il mit à le rédiger.

Au bout de deux heures au moins, pendant lesquelles nous ne nous amusâmes point, un officier (j'allais dire un enfant), arriva pour nous conduire dans un fort. Porteur d'un ordre écrit qu'il présenta au « grand capitaine » qui venait de nous arrêter, sans doute dans le but d'être récompensé par son empereur pour sa belle conduite, cet officier se mit aux ordres de son supérieur.

Ce nouveau venu ne ressemblait pas aux deux autres : ni brun, ni blond ; ni grand, ni gros : maigre et petit. Il avait dû sortir la veille de l'école des Cadets ou d'une école quelconque, tant il avait l'air jeune. Absolument imberbe, emprisonné dans ses effets comme un parapluie dans son fourreau, cet officier était véritablement comique, et il ne manqua pas de recevoir, de notre part, toutes espèces de quolibets. Des lunettes (les indispensables lunettes) ornaient son nez de jeune fille, des bottes monumentales renfermaient ses maigres jambes et montaient jusqu'en haut des cuisses, parce qu'il était impossible de les faire monter plus haut ; munies de deux grands revers que je nommerai volontiers « pavillon », tant ils ressemblaient comme forme au pavillon d'un instrument de cuivre, ses bottes pouvaient lui permettre de loger ses mouchoirs de poche (s'il s'en servait, les Prussiens préfèrent se moucher avec les doigts), et même un trousseau complet.

Je regrette infiniment de n'être pas un Caran d'Ache ou un Doës afin de reproduire cet échantillon d'officier prussien.

Après avoir reçu des instructions de son collègue, ce délégué nous fit sortir du corps de garde et mettre sur deux rangs devant le poste ; il nous compta, fit charger les fusils de ses soldats, pour que nous fussions bien fixés sur notre impuissance à nous révolter, puis il tira son arme du fourreau, se mit régulièrement au port du sabre, comme s'il eût rempli un rôle important (il était si jeune !), et fit les commandements en usage dans l'armée prussienne pour mettre un peloton en marche. Nous faisions bonne contenance au milieu des baïonnettes allemandes. Pendant le trajet, nous ne fîmes que nous moquer de nos conducteurs. Des espiègleries de toutes sortes leur furent faites ; tantôt c'était un faux pas que l'un de nous faisait pour les bousculer, tantôt un autre leur marchait sur les pieds, etc., etc. Chose étonnante, ils ne parurent pas s'apercevoir que nous nous amusions à leurs dépens, puisque pas un ne dit mot. Cette promenade nocturne fut un divertissement.

Après avoir traversé la ville, nous arrivâmes dans le fort Blücher, à ce qu'il me sembla, gardé par un poste considérable. Lorsque nous eûmes franchi le pont-levis, l'officier nous arrêta, nous compta de nouveau en présence du chef de poste et nous fit entrer dans le corps de garde; il nous désigna un coin du lit de camp pour nous coucher; nous y montâmes et nous nous plaçâmes de manière à ne pas nous mêler avec les soldats prussiens : nous étions déjà assez humiliés d'être forcés de leur obéir et nous ne tenions nullement à ronfler à côté d'eux. Quelques-uns de nous dormirent peut-être; d'autres passèrent la nuit à causer.

Préoccupé par mon évasion qui allait être retardée, parce que je pensais bien que nous serions mis à la prison, je n'eus point envie de dormir; d'ailleurs, pour reposer il eût fallu tomber de fatigue, attendu que, deux ou trois fois par heure, le chef de poste faisait crier aux armes par la sentinelle, afin de faire sortir les jeunes recrues placées sous ses ordres. Ces sorties avaient pour but de les habituer à se mettre promptement sur le qui-vive. Chaque fois que le cri « aux armes! » était prononcé par la sentinelle, les quarante ou cinquante porteurs de bottes qui composaient la garde, sautaient en bas du lit de camp comme mus par un ressort; tout le poste en tremblait. Enfin, à notre grande satisfaction, le jour arriva.

Un officier, ressemblant en tous points à celui qui nous avait conduits le soir, vint, vers huit heures, nous faire sortir du corps de garde ; il nous fit placer sur un rang, nous compta (comme la veille), ce qui indiquait que nos gardiens n'étaient pas sûrs que nous ne chercherions pas à nous esquiver, nous fit mettre ensuite sur deux rangs et faire par le flanc droit. Cet officier plaça devant et derrière nous quelques soldats, armés de fusils chargés, se mit en tête de la petite troupe, dégaîna son sabre et commanda en avant. Nous traversâmes une partie de Wesel. Les habitants, en nous voyant si bien escortés, crurent probablement que nous avions commis quelque crime ; tous les regards étaient braqués sur nous, et quels regards ! Il est vrai que le jugement de ces gens-là nous gênait peu, et nous le leur montrâmes bien en les dévisageant ironiquement. Je dois dire aussi que quelques habitants reçurent des apostrophes tant soit peu soldatesques.

Nous arrivâmes chez le commandant du

camp à huit heures et demie ; nous fûmes introduits dans une grande salle qui me parut destinée aux réunions d'officiers. Le commandant était assis au milieu de tout un état-major. La présence de nos tyrans ne produisit aucun embarras parmi nous ; au contraire, nous les regardâmes bien en face, je dirai même insolemment, comme toujours d'ailleurs, ce qui ne fit qu'aggraver notre faute. Cet officier supérieur nous demanda, en mauvais français, nos permissions. Ceux qui en avaient de régulières les présentèrent d'abord ; elles furent lues sans observations. Ensuite celui qui était porteur de la permission des fossoyeurs la lui remit. A la vue de cette pièce, cet élève de de Moltke, qui avait l'air de ne s'être jamais déridé de sa vie, ne put se contenir et laissa échapper en riant cette exclamation : « Oh ! fossoyeurs, fossoyeurs, c'est trop fort ! » Il passa cette permission à tous les officiers qui la lurent et se mirent également à rire de toutes leurs forces. Il ne restait plus que ma quittance à contrôler. Je la lui remis, il la lut et la fit passer de main en main, ce qui fit encore pousser à tous les officiers une exclamation de surprise.

Par la conversation qui s'engagea entre tout cet état-major, nous apprîmes par l'adjudant qui connaissait la langue allemande, que nous avions presque été félicités de notre audace ; mais qu'en revanche le commandant avait ordonné une enquête pour découvrir les factionnaires qui nous avaient laissé passer, qu'il qualifia de sots. La séance levée, on nous conduisit dans notre île et nous fûmes laissés libres. Notre première occupation fut d'aller dans une cantine prussienne pour nous réconforter, car nous mourions de faim : triste premier janvier et mauvais lendemain.

Nous attendions de jour en jour la punition, qui nous avait été, ainsi que je l'ai dit plus haut, méchamment annoncée par l'officier auteur de notre arrestation, puis ensuite par nos commandants de baraques ; ceux-ci avaient jugé utile de nous informer que nous serions mis au cachot, pendant longtemps. Mais après cinq ou six jours d'attente, n'ayant rien reçu, nous crûmes que nos ennemis nous avaient oubliés et que nous en serions quittes pour avoir couché au violon. C'était une erreur ; les Prussiens ne pouvaient oublier de punir des Français, et, le sept janvier, nous fûmes informés par nos officiers, que le commandant de la place nous avait infligé à chacun dix jours de punition.

CHAPITRE V

SÉJOUR A LA PRISON

Immédiatement l'ordre fut donné aux sous-officiers prussiens de nous conduire à la prison, à l'exception de mon ami, qui fit sa peine dans sa baraque, de laquelle il lui était seulement défendu de sortir : cette faveur lui fut accordée, paraît-il, parce qu'il était chevalier de la Légion d'honneur et beaucoup plus âgé que nous.

La prison était située dans l'île, sous le poste occupé par la garde. En arrivant, un homme de service ouvrit la porte et nous montra l'escalier, puis, sans autre forme, il ferma celle-ci derrière nous, de sorte que nous restâmes dans l'obscurité complète pour descendre huit ou dix marches.

L'un des prisonniers, car il y en avait déjà une cinquantaine, eut pitié de nous et vint nous guider jusqu'au fond du local. Ce soldat nous présenta à un sergent-fourrier de turcos, qui nous demanda nos noms, prénoms, grades, etc. Nous comprîmes qu'on voulait rire, et, pour nous prêter à la plaisanterie, nous donnâmes à ce sergent-fourrier tous les renseignements qu'il nous avait demandés, comme l'eussent fait des conscrits. Ce sous-officier, qui était éclairé par une chandelle d'un sou, ne possédait ni papier, ni plume, ni encre ; et cependant il avait été nommé major [1] par les autres sous-officiers qui étaient en grand nombre parmi les punis. Le soldat qui nous avait conduits était le planton de ce sous-officier fait major. La plaisanterie avait été dirigée très spirituellement et nous fît bien rire : cela peut confirmer une fois de plus que le caractère français est unique dans son genre ; en effet, dans les moments les plus critiques, en face de la mort, nous conservons toujours cette gaieté gauloise qui nous est si naturelle.

Car qu'y avait-il de plus malheureux que ces

---

1. Le major est l'officier supérieur chargé de toute la comptabilité du régiment ; il a tous les officiers comptables sous ses ordres, ainsi que le dépôt ou portion centrale.

prisonniers, qui croupissaient depuis des semaines déjà dans cette glacière, dans la saleté, et subissaient toute espèce d'humiliations ? Et pourtant, comme je viens de le dire, leur bonne humeur n'en avait pas souffert ou du moins insensiblement.

Après avoir fini de nous questionner, ce fourrier me dit : « Je suis bien aise de vous voir arriver, sergent-major, pour vous céder l'emploi que je remplis depuis mon entrée ici, qui date de longtemps ; à votre tour, vous serez un peu major. » Il y avait en effet plusieurs semaines que ce sous-officier était à la prison, pour avoir insulté des soldats prussiens, et, moins favorisé que nous, il ne connaissait pas la durée de sa peine. Dès ce jour, je fus chargé de la réception des prisonniers et, bien entendu, je ne manquai jamais de me faire présenter les arrivants. Pendant mes fonctions, j'en rencontrai quelques-uns, des soldats peu expérimentés, qui prirent la chose au sérieux, nous le vîmes bien, et cela ne manqua pas de nous amuser beaucoup.

L'obscurité était si complète dans ce souterrain que nous n'apercevions pas la plus petite clarté du jour. Mes camarades d'entrée et moi, nous nous cotisâmes pour faire acheter de la bougie par les soldats qui venaient nous apporter nos vivres, afin de pouvoir, comme les autres prisonniers détenus, jouer aux cartes pour passer notre temps.

Deux fois par jour, on nous apportait à manger. Notre nourriture était la même que celle de nos camarades, pour la raison qu'il était impossible de nous en donner une plus mauvaise ; mais il arriva quelquefois que la ration fut réduite, parce que probablement on pensa que c'était assez pour des hommes doublement prisonniers ; nous passions nos journées à jouer aux cartes. Je n'ai conservé que le chiffre des parties de piquet qui s'élevait modestement à 574 ; nous jouions habituellement de huit heures du matin à onze heures du soir, heure à laquelle nous nous étendions sur le sable pour dormir. Ce sable était très froid ; mais nous nous pressions les uns contre les autres afin de nous réchauffer et nous ne souffrions pas trop.

Il y avait bien un poêle, pour enlever un peu l'humidité, qui nous eût tués sans cela ; mais il ne fallait pas songer à l'approcher, attendu que les premiers arrivés, les anciens, comme on dit au régiment, s'étaient installés autour et n'en bougeaient plus : les bleus, —

c'est ainsi que l'on qualifie les nouveaux arrivés, — ne pouvaient y compter, et nous ne cherchâmes point à forcer le rempart qui entourait ce feu.

Je dormais peu pendant ces nuits sans fin, parce que j'étais plus que jamais préoccupé par mes projets d'évasion, et j'attendais avec une grande impatience le jour de la sortie pour les reprendre.

Pendant mon séjour à la prison, j'écrivis à un de mes amis, officier prisonnier à Glogau, pour le prier de m'envoyer cinquante francs afin d'augmenter mes ressources, mais bien entendu, sans lui faire connaître mes projets. Les cinquante francs me furent adressés ; j'étais parti avant l'arrivée de la lettre et je ne les reçus jamais. Après la guerre, j'écrivis au gouvernement allemand pour réclamer cet argent. On me répondit qu'un Français avait touché cette somme à ma place. Etait-ce vrai ? Comme ce n'est pas prouvé, j'en doute.

Enfin le dix-sept janvier arriva, jour de la délivrance. Nous sortîmes de ce cachot où nous avions, par suite de la mauvaise installation du plancher du corps de garde, reçu pendant dix jours toutes les saletés des hommes du poste, même les crachats des fumeurs qui, j'en suis certain, cherchèrent souvent à nous infliger cette dernière humiliation, attendu que chaque fois que des ordures nous tombaient sur la tête, nous entendions les hommes de garde rire de toutes leurs forces.

A notre arrivée dans nos baraques, on ne nous reconnaissait plus, tant nous étions sales. Ma première occupation fut de me nettoyer et de changer de linge. Aussitôt que j'eus mis un peu d'ordre dans ma tenue, je repris mon projet d'évasion. Je pensai qu'il était préférable de ne pas partir seul ; je cherchai donc un homme sérieux, courageux surtout, pour me l'associer.

Dans ma baraque même, il y avait un maréchal des logis de dragons, M. P... [1] qui, comme moi, je le savais d'un indiscret, cherchait à s'évader. Je lui parlai non sans hésitation de mon projet. P... crut qu'il pouvait se fier à moi, et

---

1. L'un de mes camarades d'évasion désirant conserver l'anonyme et l'autre n'ayant pu être consulté (je suis sans nouvelles de lui), je les désignerai seulement par leurs initiales. Comme pendant le temps que nous avons passé ensemble, nous nous traitâmes comme dans un régiment, c'est-à-dire en excluant le mot monsieur, je ne ferai pas précéder leurs initiales de ce mot. Je pense qu'ils me pardonneront cette familiarité.

il me dit qu'il cherchait, en effet, depuis quelque temps déjà, l'occasion de partir, mais sans avoir trouvé jusqu'à ce jour aucun moyen.

Une union fut conclue, et nous décidâmes qu'à partir de ce moment, nous chercherions à nous procurer des effets, de l'argent et les moyens de sortir de l'île, chose difficile, parce que, depuis notre arrestation du premier janvier, toutes les permissions avaient été retirées.

J'informai l'adjudant V... du résultat de ma démarche auprès de ce sous-officier. Il me félicita sur mon choix. P... lui paraissait ne laisser rien à désirer, tant sous le rapport de la prudence que sous celui du courage, qualités essentielles pour mener à bonne fin notre entreprise audacieuse.

Mais, à notre première rencontre, ce sous-officier me fit connaître qu'il avait, depuis plusieurs jours déjà, promis à un maréchal des logis chef de son arme, M. de R... de L..., de partir avec lui, et qu'il ne voudrait pas, s'il était possible, manquer à son engagement. Il me demanda, en conséquence, que de R... fît partie de notre projet. Cette proposition ne me plaisait pas assurément, car, dans une entreprise si périlleuse, un tiers me semblait de trop ; mais je ne voulus pas refuser à P.... ce qu'il me demandait et j'acceptai son camarade, sans faire d'observations. Il me fit faire connaissance avec de R...; et, à partir de ce moment, chacun de nous se mit à la recherche des choses qui nous étaient nécessaires et des moyens à employer pour sortir de l'île.

De R... me parut, d'ailleurs, posséder les qualités indispensables pour effectuer une évasion, et je ne regrettai point mon acquiescement, bien au contraire.

Il fut convenu que nous nous déguiserions en paysans du pays; il nous fallait donc trois blouses, trois pantalons et trois coiffures. De R... connaissait un marchand qui vendait aux prisonniers des chemises, des caleçons, etc. Il faut que je dise, à ce sujet, qu'il existait dans notre île des individus qui exploitaient les prisonniers d'une manière ignoble. Ils leur achetaient à vil prix des montres, des bagues, etc., que ceux-ci étaient forcés de vendre pour se procurer des vivres en remplacement de ceux qui leur étaient distribués et qui étaient immangeables pour des malades, et leur vendaient à des prix exorbitants le linge dont ils avaient absolument besoin. Le lieu où se faisait ce commerce, que l'autorité militaire tolérait, était désigné par nous sous le nom de « marché. »

Je disais donc que de R... connaissant un de ces marchands (je pourrais dire voleur), lui demanda s'il pourrait lui procurer des blouses, des pantalons et des casquettes pour trois de ses dragons qui travaillaient à Wesel. L'individu lui refusa d'abord ce service, probablement dans le but de faire payer ces effets plus cher, en invoquant que l'autorité militaire lui permettait de vendre des chemises, des caleçons, des bas, des cravates, mais aucun effet d'habillement proprement dit. De R... insista en disant qu'il le paierait avantageusement. L'appât de l'argent gagna le marchand, qui promit à notre camarade de lui apporter seulement trois blouses et trois pantalons. En effet, le lendemain il lui remit ces effets contre paiement.

Mais cette tenue n'était pas suffisante par un froid dépassant vingt degrés au-dessous de zéro et il fallait songer à nous munir de quelques effets en laine, pour mettre dessous. Nous achetâmes donc chacun une chemise de flanelle ; P... et de R... avaient fait confectionner, en cachette, chacun un paletot avec des couvre-pieds apportés de Metz. Je m'en procurai un semblable qu'un caporal de mon régiment voulut bien me vendre.

Tous ces préparatifs nous avaient pris trois jours, et nous étions au vingt et un janvier. La coiffure et une carte du pays que nous devions parcourir nous manquaient encore, ce qui nous préoccupait beaucoup ; à force de recherches, nous découvrîmes deux espèces de casquettes confectionnées par des prisonniers ne possédant plus de képi. Il nous en fallait encore une que de R... se procura très adroitement.

Pendant notre déjeuner dans une cantine, où nous avions l'habitude d'aller, nous plaisantions avec un jeune homme de dix-huit ans nommé Fritz, fils du cantinier, au sujet de sa future entrée dans l'armée et de sa présence sous les murs de Paris, attendu qu'il redoutait par dessus tout les Parisiens ; tout en riant et gesticulant, de R... nous dit : « Voyez-vous comme Fritz possède une belle casquette ? Je vais la lui acheter. » Et il lui prit sa casquette dont il se couvrit, sans doute avec répugnance.

Au moment de partir, celui-ci nous réclama sa coiffure. De R... lui demanda combien elle lui coûtait. Fritz lui répondit qu'il l'avait payée huit francs. De R... tira de sa poche, huit francs qu'il jeta sur le comptoir et nous sortîmes. Fritz n'était qu'à moitié satisfait de ce marché ; mais il ne cria pas trop haut, probablement dans la crainte de mécontenter les clients de son père (car les Allemands sont avant tout pratiques), et la casquette nous resta.

Quant à la carte géographique, je ne sais comment P... se la procura, mais il me l'apporta dans la journée. Je décalquai, séance tenante, en cachette, la partie qui nous était nécessaire, car nous ne pouvions emporter cette carte, trop volumineuse, et je la collai sur un carnet de poche que je conserve précieusement. Pour plus de précision, je mesurai aussi toutes les distances d'un point à un autre, tels que bourgs, embranchements de routes, etc., de manière à former, avec des totaux partiels, la distance que nous pourrions être appelés à parcourir, pour arriver en Hollande, dans le cas où il nous serait impossible de suivre le cours du Rhin, voie que nous avions choisie de préférence ; en un mot, je pris toutes les indications qui pouvaient nous être nécessaires et même utiles. Les renseignements que j'avais recueillis sur cette carte, et les notes que j'avais prises, nous permettaient de marcher en Allemagne comme en France. L'argent qui me parut nécessaire (trois cents francs) me fut prêté par mon ami, car de R... possédait déjà une petite somme.

Mais en outre de l'argent, il nous fallai[t]
une permission pour sortir de l'île, attendu
qu'elles avaient toutes été retirées depuis notr[e]
aventure, et, naturellement, cette pièce devai[t]
être écrite en Allemand.

Ne connaissant pas un mot de cette langue[,]
nous étions dans l'embarras, parce que nou[s]
n'aurions voulu mettre personne dans notr[e]
secret; cependant il nous fallait un laisser-passer[.]
De R... avait pour voisin, dans sa baraque[,]
un sergent alsacien. Il le pria de lui faire un[e]
permission valable pour trois sous-officiers,
mais sans lui dire un mot de notre plan. C[e]
sous-officier, sans s'informer pourquoi cett[e]
pièce lui était demandée, promit de l'établir[.]
De R..., après lui avoir fixé un lieu de réunion,
vint nous prévenir, P..., l'adjudant V... et moi,
du résultat de sa démarche. Il nous indiqua l[a]
cantine désignée pour le rendez-vous, où nous
nous rendîmes quelques minutes plus tard ; l[e]
sergent en question et de R... y étaient déjà,
et, par précaution, ils s'étaient attablés à l'une
des extrémités du local. L'Alsacien nous fit notre
permission ; mais, quand elle fut établie, nous
nous aperçûmes qu'il y manquait un cachet.
Avec du crayon bleu que nous possédions et qui
fut broyé avec un peu d'huile que le cantinier

nous donna, nous délayâmes de l'encre presque parfaite ; puis avec un sou français, qui fut enduit de cette encre, nous fîmes un cachet dont les lettres étaient illisibles, parce que nous avions eu le soin de tourner un peu ce sou sur lui-même, afin de brouiller les signes. Ce cachet était si bien réussi que, nous ne remarquâmes rien d'extraordinaire dans l'empreinte, qui pût nous trahir.

Notre départ fut fixé au lendemain à midi. L'heure du repos étant arrivée, nous rentrâmes dans nos logements pour nous coucher. Mon inquiétude était si grande que je passai la nuit comme beaucoup des précédentes, sans dormir.

Un peu avant le jour, je m'habillai, en cachette de mes voisins, avec les vêtements que j'avais glissés sous moi dans la paille. A la pointe du jour, je n'eus qu'à mettre mes effets militaires par dessus ceux-ci. Aussitôt debout, j'allai trouver mes camarades qui, comme moi, avaient passé la nuit sans dormir et paraissaient très fatigués. Il fut conclu entre nous, séance tenante, un engagement verbal, que nous nous aiderions en toutes circonstances, pendant notre évasion, et que la mort seule pourrait nous séparer.

Comme nous ne possédions pas d'armes à feu, nous achetâmes trois couteaux, les plus convenables que nous pûmes trouver, mais qui laissaient beaucoup à désirer pour l'usage auquel nous les destinions. Cependant, sans être aussi cruels que le denchik de Kascambo, qui ne voulait même pas épargner les femmes et les enfants qui pourraient compromettre ses plans d'évasion, nous décidâmes que, si quelqu'un cherchait à nous arrêter, nous nous défendrions avec nos couteaux jusqu'à la mort ; et je suis certain que notre courage n'eût pas faibli pour exécuter cet engagement. Nous étions décidés à mourir, mais non à redevenir prisonniers des Prussiens. Possédant chacun une vigueur et un courage à toute épreuve, nous eussions fait payer chèrement notre vie à tout homme qui aurait osé nous faire obstacle. Nous convînmes aussi que, dans le cas où, après avoir émis chacun notre opinion sur une affaire quelconque, deux seulement seraient d'accord, le troisième devrait absolument se soumettre à la volonté des deux autres. Mes camarades décidèrent également qu'il était utile que l'un de nous eût voix prépondérante, chaque fois qu'après nous être consultés, nous ne serions pas du même avis ; ils portèrent cette faveur sur moi, parce que j'étais l'aîné de de R... qui était mon égal en grade ; P..., bien que plus âgé que nous, ne pouvait, en effet, jouir de ce privilège, attendu qu'il était notre inférieur. Mon ami, qui assistait à notre petit conseil, consulté à ce sujet, se prononça dans le même sens que mes deux camarades. Je ne pus donc me soustraire à cette décision qui paraissait fondée.

Il était onze heures quand tous nos préparatifs furent terminés. Le vieil adjudant nous pria de le suivre dans une cantine où quelques-uns de nos camarades, que nous avions prévenus de notre départ le matin seulement, nous attendaient pour porter un toast à notre santé et à notre bonne réussite dans notre entreprise périlleuse. P... et de R... n'ayant pas eu la précaution de mettre leurs déguisements sous leurs effets militaires, il fallait procéder à cette opération ; moi-même, j'avais à ajouter à mon habillement un paletot, dont je n'avais pas voulu me vêtir, parce que je craignais d'attirer l'attention des Prussiens, en leur paraissant sensiblement plus gros que d'habitude. Fort heureusement, cette cantine était divisée en plusieurs pièces ; l'une d'elles n'étant pas occupée et se trouvant à l'abri des yeux des cantiniers, nous nous y installâmes pour prendre un peu de vin et finir de nous habiller.

Lorsque nous fûmes prêts, les yeux pleins de

larmes et le cœur serré (car on n'entreprend pas une affaire de ce genre sans émotion), nous embrassâmes nos amis, qui étaient aussi émus que nous, puis nous nous dirigeâmes vers la porte de sortie du cantonnement. Ici, la mémoire me fait défaut. Je ne me rappelle pas lequel de nous possédait la permission ; mais celui qui en était porteur la présenta au factionnaire qui la lut et nous fit signe de rentrer dans le cantonnement. Toutefois, et heureusement pour nous, il nous la rendit. Notre déception fut grande; nous rentrâmes, le cœur navré.

Cependant le coup qui venait de nous atteindre n'était qu'un retard apporté à l'exécution de notre projet et nullement de nature à nous décourager. Nous décidâmes sur-le-champ que nous allions immédiatement explorer les bords de l'île, afin de chercher à nous assurer une sortie pour la tombée de la nuit. Malheureusement nos recherches furent infructueuses. Il n'y avait qu'un moyen, extrêmement dangereux, qui consistait à traverser à la nage le bras du Rhin. Mais par un froid si intense et en raison de l'encombrement des glaçons qui se succédaient, notre tentative pouvait être mortelle ; de plus, nous n'étions pas bons nageurs, moi surtout. Il fut donc convenu que nous attendrions au lendemain pour essayer, à nouveau, de sortir avec notre permission ; que dans le cas où notre tentative échouerait encore, nous emploierions les moyens extrêmes; c'est-à-dire que nous chercherions à sortir pendant la nuit, en nous emparant d'une des barques attachées près du factionnaire, sauf à le tuer, s'il le fallait.

Le reste de la journée ainsi que la nuit, nous parurent durer un siècle : comme les nuits précédentes, je ne fermai pas les yeux ; et j'étais debout avant le jour pour aller trouver mes deux camarades.

CHAPITRE VI

ÉVASION. — DÉPART DE L'ÎLE DE BUDERICH

ET DE WESEL

Je me rendis dans la baraque de de R..., où P... vint presque aussitôt nous rejoindre ; c'était d'ailleurs notre lieu de rendez-vous habituel, parce que P... était l'objet d'une surveillance active de la part de nos geôliers depuis qu'il avait infligé une correction des plus sérieuses à un sergent-major alsacien qui espionnait tout ce que faisaient et disaient les prisonniers pour aller le raconter à nos ennemis. J'évitai donc toujours de me trouver avec lui en présence des Prussiens de notre baraque, dans la crainte que notre liaison ne fût remarquée par eux et ne m'attirât également leur surveillance particulière. A ce moment, nous étions d'ailleurs comme les coupables non endurcis dans le crime qui voient des gendarmes partout ; la moindre chose nous inquiétait.

Nous passâmes la matinée dans une cantine. Je profitai d'un moment où nous étions seuls dans une des pièces pour cacher une partie de mes trois cents francs dans les ceintures de mon pantalon et de mon caleçon, de manière que notre argent nous restât dans le cas où nous aurions le malheur d'être arrêtés vivants.

Après avoir fait de nouveau nos adieux à nos amis, qui ne nous avaient pas quittés de la matinée, nous nous présentâmes à la porte de sortie. En approchant de ce point, je sentis mon cœur battre à rompre ma poitrine, et je ne sais si quelque physionomiste n'aurait pas, en me voyant, deviné que j'étais en défaut ; mes deux camarades me dirent, plus tard, avoir éprouvé le même malaise, qui était occasionné, sans doute, par la crainte que nous avions d'échouer encore dans notre seconde tentative. Notre permission fut présentée au factionnaire qui, après l'avoir lue très attentivement, nous la rendit en disant : Gut! gut ! gut ! (bon ! bon ! bon !) et nous fit signe de passer. Quel soulagement pour nous, bien que ce ne fût qu'un petit succès ! Il nous sembla que nous étions déjà en France. Sur le bord du Rhin, un autre factionnaire se fit également présenter notre permission ; son camarade nous ayant permis d'avancer, il ne fit aucune objection pour nous laisser continuer notre route.

La cause de ce changement si subit dans la consigne des sentinelles et qui nous fut favorable, devait provenir d'un oubli du chef de poste ; la chance paraissait donc, cette fois-ci, nous favoriser dans notre entreprise, et ce fut pour nous de bon augure.

Le Rhin charriait toujours de nombreux glaçons, et, par suite, les ponts de bateaux, les seuls qui existassent d'ailleurs, avaient été supprimés ; de sorte que pour aller à l'autre rive, c'est-à-dire en ville, il y avait seulement une barque qui passait les quelques Prussiens habitant l'île, tels que les officiers, les cantiniers, etc., qui avaient affaire à Wesel. Le batelier voulut bien nous prendre.

Arrivés à Wesel, notre première occupation fut de chercher une barque munie d'avirons et non cadenassée. Ainsi que je l'ai dit, notre but était de gagner la Hollande par eau. Ce moyen nous avait paru le plus simple, parce qu'il nous permettait, en partant le soir, d'arriver en lieu sûr dans la même nuit. Nous trouvâmes une barque tout armée et libre. Il fut convenu qu'à six heures nous la prendrions pour partir. Après avoir traité divers détails, nous décidâmes que nous nous en irions sans vivres ; mais qu'avant nous ferions un bon dîner, qui nous permît d'attendre sans manger notre arrivée en Hollande. Ce fut, d'ailleurs, la seule faute grave que nous eûmes à nous reprocher au sujet de notre évasion ; nous eussions, en effet, dû prévoir que nous pouvions être arrêtés par les glaces et nous munir de provisions.

Après avoir bien dîné, pris le café et de nombreux bocks, nous quittâmes l'établissement pour nous déguiser, et nous nous dirigeâmes ensuite vers le fleuve.

Si je ne craignais pas de commettre un crime, j'aurais à citer un bel acte de générosité que je me réserve de faire connaître plus tard, s'il est possible, et que l'on doit rencontrer rarement dans un pays ennemi ; mais la reconnaissance que je professe à l'égard de quelques personnes charitables et dévouées, me fait un devoir d'être circonspect, afin de ne pas les compromettre envers leur gouvernement, qui ne leur pardonnerait pas ce moment de faiblesse, cette heure d'oubli à l'égard de Français, ses pires ennemis. On comprendra facilement mon silence à ce sujet, et je continue.

La barque que nous avions choisie se trouvait dans un endroit où le bord du Rhin était encore à l'état de sol naturel. Pour arriver jusqu'à elle, il fallait prendre de grandes précautions, afin d'éviter d'être remarqué par quelques rôdeurs et les clients d'une brasserie voisine. Bien qu'il y eût déjà un peu de neige, tombée depuis la nuit, nous rampâmes jusqu'au bord de l'eau. Mes deux camarades s'embarquèrent ; de R..., pour éviter de faire du bruit, tira la chaîne anneau par anneau et P... prépara les avirons. Pendant cette opération, j'étais resté à terre. Quand tout fut prêt et que mes deux camarades eurent saisi chacun un aviron, je donnai de toutes mes forces un élan à la barque et je me lançai dedans ; puis aussitôt je m'armai d'un troisième aviron pour aider P... à gagner le milieu du Rhin, afin que, si nous avions été observés, nous fussions le plus vite possible hors de portée des coups de fusil. De R... s'assit à l'arrière de la barque pour la gouverner. Nous connaissions assez bien la manœuvre d'une embarcation et nous eûmes bientôt atteint le milieu du fleuve, tout en continuant à suivre le courant.

Nous avions peut-être parcouru trois ou quatre cents mètres, quand nous entendîmes des cris partir de la rive que nous venions de quitter. Que signifiaient ces cris ? Notre première pensée fut que quelqu'un s'était aperçu de l'enlèvement de la barque ; nous crûmes même entendre un bruit de chaîne de bateau et remarquer qu'on nous poursuivait. La nuit était si obscure qu'il nous fut impossible de rien apercevoir. En entendant ces cris et ce bruit, nous redoublâmes de vitesse et nous fûmes bientôt près de la rive gauche du Rhin. Après avoir fait encore quelques centaines de mètres, des cris partirent également de la rive dont nous nous étions approchés. Cette fois, il n'y avait plus de doute, nous étions signalés et il fallait nous attendre à voir se dresser à chaque instant devant nous des obstacles. Cela nous inquiéta, mais sans nous effrayer, attendu que la mort ne nous épouvantait nullement, je le répète. Plus loin, les mêmes cris se firent entendre ; nous redoublâmes de vigueur pour gagner du temps sur ceux qui tenteraient de nous poursuivre ; et, aidés par le courant, nous marchions très vite, malgré les glaçons que nous rencontrions à chaque instant.

CHAPITRE VII

AMONCELLEMENT DES GLACES. — OBSTRUCTION

DU LIT DU RHIN

Nous avions parcouru plusieurs kilomètres quand nous remarquâmes que nous heurtions les glaçons plus souvent qu'en partant ; et plus nous avancions, plus ils devenaient nombreux. Que signifiait cela ? Nous ne pouvions nous douter de ce qui allait se passer. Tout à coup, notre barque heurta violemment un obstacle, qui nous arrêta court, et nous entendîmes au même instant le bruit de l'eau qui déversait par dessus un barrage formé par les glaces. A ce moment nous comprîmes ce que signifiaient les cris des riverains du fleuve. Ces gens connaissaient le danger que nous courrions à travers les glaçons, par cette nuit épouvantable, et comme ils ignoraient avoir affaire à des Français, ils voulaient nous éviter une catastrophe, en nous prévenant de ce qui existait. Le péril était imminent. Nous étions menacés d'être faits prisonniers au milieu du Rhin, qui était très large à cet endroit et dont nous ne pûmes, à cause de l'obscurité, distinguer les deux rives.

C'était donc la mort qui nous attendait, si nous ne parvenions à dégager promptement notre barque des glaçons, et une mort contre laquelle notre courage et notre énergie ne pouvaient lutter, contre laquelle toute résistance semblait impossible, attendu que nous paraissions condamnés à périr, soit engloutis sous les eaux, soit de froid au milieu de cet abîme. Nous avions, ainsi que je l'ai déjà dit, prévu la mort; mais nous ne l'avions pas présumée humiliante comme celle qui nous menaçait, par notre imprudence ou plutôt par notre imprévoyance. Car si mourir sur un champ de bataille est une chose enviable pour des soldats, mourir dans une telle circonstance leur paraît manquer de noblesse.

Je disais donc que le péril était imminent ; nous pensâmes que nous étions perdus ; mais chacun de nous étouffa en lui ce sentiment de la réalité, sans faire cas de la mort qui nous saisissait. En effet, la mort, nous l'avions vue avec sa figure hideuse faucher sur les champs de bataille de Gravelotte et de Saint-Privat des hommes pleins de vie, pleins d'espoir, pleins de dévouement pour la patrie ; nous l'avions vue terrasser sans pitié les prisonniers tombés de misère dans les fossés des routes et dans la boue ; nous l'avions vue assouvir ses besoins de destruction jusque parmi les prisonniers de l'île de Buderich ; enfin, nous l'avions vue partir avec nous de Wesel, et nous savions qu'elle nous guettait pour nous abattre.

Cette fois, elle était là, devant nous, sous une nouvelle forme, sans aucun déguisement. C'est avec mépris que nous regardâmes la terrible visiteuse ; mais nos pensées s'élevèrent vers Dieu qui commande à tous, vers le Maître de la vie et de la mort.

« Le mépris de la mort, a dit un de nos maîtres de l'éloquence contemporaine, voilà le principe de la foi morale. Tant qu'il craint de mourir, il n'y a rien à espérer de l'homme dans les grandes occasions. Une menace suffira pour le vaincre ; il flottera, sans caractère, à la merci des événements, et, si l'histoire le connaît, elle ne connaîtra que sa honte. C'est le mépris de la mort qui fait le soldat, qui crée le citoyen, qui donne au magistrat sa toge, au prince sa sauvegarde dans les périls et sa majesté dans l'infortune.

« Citoyens, magistrats, soldats, vous rencontrerez des heures où le mépris de la mort est la seule source du bien dire et du bien faire, où les vertus privées ne servent plus à couvrir l'homme, mais où il faut l'intrépidité d'une âme qui soit au-dessus de cette simple chose.

« Si vous redoutez la mort, c'est en vain que la patrie comptera sur vous. La gloire passera devant vous, elle vous tendra la main, et vous ne pourrez pas même lui dire son nom. »

Je reprends mon sujet.

Notre barque, en touchant le premier glaçon, s'était tournée en travers du fleuve. Un autre énorme glaçon, amené par le courant, vint la heurter au flanc. La secousse fut si violente que nous crûmes qu'il allait passer au travers. L'embarcation était fort heureusement solide, et elle résista à ce premier choc, non sans avoir été endommagée, puisque quelques planches furent disjointes. Il n'y avait pas une seconde à perdre pour sortir de cette position dangereuse, qui pouvait devenir mortelle. Je sautai sur l'avant de la barque, et, armé d'une gaffe que je piquai dans l'obstacle qui nous avait arrêtés, je mis la proue face au courant, afin d'éviter qu'un deuxième glaçon vînt encore la prendre par le flanc et finir de la broyer. Ce mouvement exécuté, je commandai à mes deux camarades de ramer avec force. Le courant était bien moins rapide à cet endroit, parce que le barrage retenait une partie des eaux, et nous pûmes nous dégager assez facilement de cette position critique.

D'après ce qui me fut dit par les habitants des bords du Rhin, auxquels je demandai, plus tard, ce qui avait occasionné ce barrage, voici ce qui s'était produit, et qui se voit fréquemment.

Par suite de la rapidité de son courant, le Rhin ne gèle pas en entier ; mais les glaçons qu'il charrie, pendant les grandes gelées, sont si nombreux que dans certains endroits, où le lit est resserré, ils s'empilent les uns sur les autres et, à un moment donné, forment un rocher flottant ; ce bloc de glace venant à toucher le sable, dans les endroits moins profonds, s'arrête et résiste au courant ; un autre rocher flottant vient échouer à côté de celui-ci, puis un troisième, puis un quatrième, et enfin un assez grand nombre pour former un barrage qui résiste quelquefois assez longtemps pour faire déverser les eaux du fleuve de chaque côté de son lit et inquiéter sérieusement les riverains.

Je donne ce fait sous toute réserve ; cependant je le crois possible, attendu que la Loire nous a montré, en 1879, aux environs de Saumur, un phénomène de ce genre.

Le barrage s'était produit, à ce qu'il nous sembla, en amont d'une île située tout près des bourgs de Lüttingen et de Bilisch, bien qu'elle me paraisse un peu éloignée de Wesel. Le fleuve se partageant en deux bras en tête de cette île, le lit ne permit plus aux nombreux glaçons de se frayer un passage.

Après avoir dégagé notre esquif, il fallut songer à aborder l'une des deux rives pour tâcher de débarquer, afin de gagner la Hollande par terre. A cet effet, nous nous dirigeâmes sur la rive gauche avec la pensée que nous devions en être plus près que de la rive droite. Nous eussions cependant préféré prendre pied sur celle-ci, attendu que la route nous avait paru moins dangereuse et plus courte. L'état de fatigue dans lequel nous étions fut aussi la cause qui nous décida à aller au plus proche. Nous eûmes beaucoup de peine pour arriver jusque-là ; car il fallut, tout en nous dirigeant vers la terre, remonter le courant, ce qui nous prit un temps assez long.

Mais, hélas ! une grande déception nous attendait au sujet du débarquement. Il nous fut impossible d'aborder. Notre barque fut arrêtée à dix ou quinze mètres du bord par les glaces qui s'étaient fixées aux arbrisseaux bordant le rivage. Il n'était pas prudent d'essayer de débarquer sur ce ponton fragile qui pouvait céder sous nos pieds, et dans lequel des trous pouvaient exister.

Après avoir tenté vainement de briser les glaçons à coup de gaffes et d'avirons, nous continuâmes à remonter le courant, afin de chercher un endroit plus facile pour atterrir, mais sans résultat. J'évalue à quatre cents mètres le parcours que nous avions fait dans près d'une heure, en employant cependant tous les moyens pratiques ; souvent nous avions été forcés de nous accrocher aux glaces avec nos mains, quand les avirons et les gaffes étaient insuffisants. Nos efforts étant inutiles, nous nous dirigeâmes sur la rive droite. Le Rhin était si large à cet endroit et le courant si fort, bien qu'il fût, ainsi que je l'ai déjà dit, amorti par le barrage, que notre barque fut entraînée malgré nous, de sorte qu'en atteignant la rive, nous étions presque revenus vers l'abîme.

Nos forces commençaient à s'épuiser et nos mains ruisselaient de sang. De ce côté, le même obstacle se présenta ; il nous fut également impossible d'atterrir. Après nous être reposés un peu, nous nous remîmes à remonter le fleuve. Le courant nous parut plus fort que de l'autre côté, et les avirons étaient tout à fait insuffisants pour lutter contre lui et les glaçons qu nous abordaient ; il fallut encore avoir recours aux gaffes et nous servir souvent de nos mains pour faire avancer l'embarcation. Nous marchions très lentement, tout en fatiguant beaucoup, mais il n'y avait pas à fléchir : il fallai lutter ou mourir.

Après des fatigues inouïes et impossibles à dépeindre, car j'estime que nous avions parcouru mille ou quinze cents mètres dans le conditions que je viens d'indiquer, nous rencontrâmes un endroit où il nous fut possible d'approcher à environ sept ou huit mètres du bord Nous essayâmes de nous frayer un chemin pou débarquer ; cette fois-ci encore, tous nos effort furent vains.

Nous étions brisés de fatigue et mouillés par la sueur, malgré l'intensité du froid. Cependant notre courage ne fléchissait point, et nous recommençâmes à remonter le courant. Enfin, après avoir manœuvré pendant assez longtemps encore, nous rencontrâmes une petite baie, dans les glaçons, qui nous permit d'arriver à quelques mètres de la terre.

CHAPITRE VIII

DÉBARQUEMENT

En raison du peu de distance qui nous séparait de la rive et de notre état de fatigue, nous étions bien décidés à monter sur la glace pour débarquer ; cependant, par mesure de prudence, nous préférâmes, avant de tenter cette opération dangereuse, nous assurer si celle-ci pourrait être brisée. A cet effet, chacun de nous s'arma d'un instrument pour l'attaquer. Après une demi-heure de travail, nous arrivâmes sur la terre ferme : nous étions sauvés !

Dans le but que la barque, qui appartenait peut-être à un pauvre pêcheur, ne fût pas perdue, nous la tirâmes le plus avant possible sur la rive ; une gaffe fut enfoncée solidement dans la terre ramollie par l'eau, afin d'y fixer la chaîne. Nous ne pûmes savoir quelle heure il était, parce que, longtemps avant notre départ de Wesel, nous avions été forcés de vendre nos montres pour acheter des vivres et du linge, mais j'estime qu'il pouvait être deux heures.

Il nous restait donc encore assez de temps pour nous éloigner de notre point de départ, duquel nous nous étions rapprochés en remontant le Rhin. Nous essayâmes de couper au plus court, à travers champs, pour gagner la route que j'avais indiquée sur mon croquis. Mais les eaux du Rhin, arrêtées par le barrage que nous avions rencontré, s'étaient répandues à côté du chemin de halage ; il nous fut impossible de quitter cette voie, que nous suivîmes pendant assez longtemps, avant de pouvoir nous enfoncer dans les terres ; et, quand nous y réussîmes, nous n'étions pas éloignés de plus d'un ou deux kilomètres de Wesel, dont une des horloges sonna trois heures.

Depuis un moment déjà, une tempête de neige s'était déclarée, ce qui devait nous créer, plus tard, de cruels embarras ; mais, d'un autre côté, la lune était venue remplacer l'obscurité. Nous passâmes à côté d'une ferme que nous aurions bien voulu éviter, s'il eût été possible, dont les chiens de garde nous eussent sérieusement inquiétés sans les murs de clôture ; nous craignions beaucoup qu'aux cris véritablement extraordinaires de ces animaux, l'attention des fermiers ne fût appelée et qu'ils nous aperçussent. Heureusement, nous ne vîmes personne. Nous continuâmes notre marche, à travers champs, dans l'espoir de rencontrer la route dont nous croyions n'être qu'à quelques kilomètres. Les obstacles se multipliaient. A chaque instant, nous étions arrêtés, soit par un fossé plein d'eau, de glace et de neige, et que nous ne pouvions nous hasarder à traverser, dans la crainte d'être engloutis, soit par une haie infranchissable. Tous ces écueils nous occasionnaient de grands retards, parce que souvent nous étions forcés de revenir sur nos pas. Il faut ajouter à cela que la couche de neige était déjà assez épaisse pour nous gêner, surtout dans les terres labourées. Nous continuâmes notre marche pénible pendant une ou deux heures, mais sans avancer beaucoup. Il nous sembla que nous tournions sur place. Enfin, nous trouvâmes un chemin qui s'enfonçait dans une forêt de sapins. Ces arbres énormes, formant une voûte de verdure, donnaient à cette espèce d'avenu un air tout à fait triste. Nous suivîmes c chemin pendant trois quarts d'heure environ puis nous trouvâmes un taillis.

Nous devions, à ce moment, être tout prè d'un village, puisque nous entendîmes de coqs chanter, ce qui nous fit aussi suppose que le jour ne devait pas être éloigné. Nou nous arrêtâmes pour délibérer sur ce que nou devions faire : ou continuer à marcher, bien qu nous fussions harassés de fatigue, ou nous arrê ter dans ce taillis. Comme il avait été convenu avant de partir, que nous ne marcherions pa pendant le jour, il nous parut préférable de ces ser d'avancer ; nous craignions aussi de ne pa rencontrer plus tard un abri sûr ; nous nou enfonçâmes en conséquence dans le bois, une distance d'environ deux cents mètres seu lement : nous ne voulions pas trop nous éloi gner du chemin, afin de pouvoir le retrouve facilement et d'éviter de nouvelles fatigues telle que celles que nous avions endurées en mar chant à travers champs.

Nous coupâmes quelques petites branches d chêne et, après avoir enlevé la neige qui pou vait avoir déjà une hauteur de vingt-cinq centi mètres, nous les étendîmes sur le sol, afin d nous reposer plus à l'aise. Nous étions à bout de forces et une fièvre de fatigue nous dévorait. Nous nous couchâmes sur ces branches et nous nous endormîmes aussitôt d'un profond sommeil. La neige continuait à tomber avec une force extraordinaire.

Je ne sais combien de temps nous restâmes dans cette position ; mais je crois que nous ne dormîmes pas plus d'une heure. Je m'éveillai le premier ; je secouai la neige qui me couvrait et je m'assis ; il faisait à peine jour. Ayant oublié le drame qui venait de se passer, je crus tout d'abord à un rêve, en regardant autour de moi d'un air affolé ; au bout de quelques secondes, je me souvins de la nuit qui venait de s'écouler ; d'ailleurs, la fièvre dont je souffrais horriblement ne me permit plus de croire à un rêve. Pour apaiser la soif qui me minait, je pris un peu de neige que je mis dans ma bouche.

J'étais bien surpris de ne pas voir mes deux camarades ; je tâtai à côté de moi et je sentis P... qui avait entièrement disparu sous la couche éclatante. Je ne pus retenir mes larmes en voyant notre triste situation. Mais ce moment de faiblesse ne dura que deux ou trois minutes, au bout desquelles je repris le dessus. P..., que j'éveillai, était comme moi glacé. Mais où était de

R..., que nous n'apercevions pas ? Nous
découvrîmes à quelques pas, également enseve
sous la neige ; il était dans le plus triste état
sa misère nous fit frémir. Elevé sans dout
avec plus de douceur, je crois qu'il était u
peu moins robuste : il n'en fut que plus cou
rageux.

Une fois debout, nous nous consultâmes su
ce que nous devions faire, parce que nous avion
grand besoin de prendre quelque nourritur
De R..., qui était le plus souffrant, nous propos
de sortir du taillis, afin de chercher une maiso
isolée pour nous procurer des vivres. Je m
prononçai dans le même sens, attendu qu'
n'avait fait que me devancer dans sa propositio
Mais P..., qui avait conservé plus de forces o
peut-être plus de courage que nous, repouss
avec énergie notre proposition. Il nous d
ceci :

« Mes amis, nous avons quitté Wesel ave
« la ferme conviction de nous évader ; nou
« étions bien décidés, en partant, à mouri
« plutôt que de redevenir les prisonniers de
« Prussiens. Eh bien ! en sortant de la forê
« pendant le jour, nous nous ferions reprendre
« n'en doutez pas, attendu que notre absence
« certainement été constatée. Et puis encore

« nous ne connaissons pas la langue du pays
« et nous sommes habillés comme des brigands ;
« nous ferions donc une grande faute en nous
« présentant en plein jour chez nos ennemis,
« pour leur demander quelque chose. En admet-
« tant que nous ne fussions pas signalés déjà,
« nous ne manquerions pas de nous faire remar-
« quer et de mettre les Prussiens sur notre piste :
« notre évasion deviendrait alors impossible,
« ou serait du moins très compromise. » Et il
ajouta : « Non-seulement je ne partage pas votre
« idée, mais je la repousse de toutes mes forces
« et je propose de rester ici jusqu'à la nuit,
« dussions-nous y mourir. » Il n'y avait pas à
douter que notre camarade n'eût raison ; aussi
nous ne présentâmes pas une seule observation ; au contraire, nous approuvâmes sa
manière de voir, et nous décidâmes que nous
resterions jusqu'à la nuit dans notre gîte.
Quelle journée ! Que les heures nous parurent
longues ! Nous frayâmes un petit chemin dans
la neige, sur une longueur de huit mètres environ, dans un endroit où le taillis était moins
épais. Pour ne pas geler sur place, chacun de
nous marchait, à son tour, dans ce court
espace. Il existait à cet endroit une souche
d'arbre qui nous servait de siège quand nous

étions à bout de forces ; mais nous ne pouvions rester assis que pendant quelques minutes, tant le froid était intense. Dès que nous étions immobiles, un engourdissement se produisait dans tous nos membres, et sans cet exercice le froid nous eût terrassés en quelques minutes.

Pour comble de malheur, des bûcherons vinrent, dès le matin, abattre du bois si près de nous, que nous les entendions parfaitement parler. Le froid et nos misères avaient déjà produit leurs effets. Nous possédions chacun un très gros rhume, qui nous faisait beaucoup tousser. Afin de ne pas faire remarquer notre présence, chaque fois qu'une quinte de toux nous prenait, nous nous couchions par terre et nous mettions notre mouchoir de poche devant notre bouche pour étouffer le bruit que nous eussions fait sans cette précaution.

Il y avait bien un moyen de rendre le froid plus supportable qui aurait consisté à faire du feu ; mais il ne fallait pas penser le mettre en pratique, la fumée pouvant indiquer notre présence et nous faire, sinon prendre, du moins traquer. La journée se passa dans ces conditions, avec un froid de vingt degrés au moins au-dessous de zéro. La neige avait cessé de tomber à la pointe du jour, et il gelait à pierre fendre mais le froid, tout en sévissant sur nos corps délabrés, nous parut moins terrible que la crainte que nous avions d'être entendus et aperçus par les bûcherons. On pourra se rendre compte des souffrances que nous avons endurées, pendant ce jour sans fin, lorsque j'aurai redit que notre habillement se composait, pour chacun de nous : d'une chemise de flanelle, d'une blouse, d'un mauvais paletot, confectionné avec une espèce de molleton, d'un caleçon de toile et d'un pantalon de coton très léger ; que ces quelques effets qui avaient été mouillés la veille en manœuvrant notre barque et qui gelèrent dans la matinée, nous séchèrent en partie sur le corps ; qu'enfin, depuis notre départ, nous n'avions rien pris, ni nourriture, ni boisson.

Il est bien permis de douter que des hommes aient pu résister à tant de souffrances ; tout ce que je viens de relater est cependant exact, et je dis exact, parce que je n'ajoute rien à mon récit, que je fonde, d'ailleurs, sur la vérité même ; il y a, en effet, des détails que je ne cite pas, attendu qu'ils me paraissent de médiocre intérêt, lesquels contribuèrent cependant à augmenter nos souffrances.

Que se passait-il à Wesel pendant cette journée ? Je vais le dire en quelques mots.

Le matin, à la première heure, les Prussiens s'étaient aperçus de la disparition de prisonniers, mais ils en ignoraient le nombre. Ils firent un appel et constatèrent qu'il en manquait trois. A la réunion suivante, les officiers annoncèrent que nous avions été arrêtés et enfermés dans un fort. On peut juger la peine qu'éprouvèrent nos camarades. Mais ils ne devaient pas rester longtemps inquiets. Quelques jours plus tard l'adjudant V... reçut une lettre par laquelle je lui annonçais mon arrivée en France. Savez-vous ce qu'il fit ? Il montra ma lettre aux officiers prussiens, qui firent, paraît-il, des têtes que Coquelin aîné eût été incapable d'imiter. Après notre départ, les officiers prussiens ordonnèrent plusieurs appels par jour, et une surveillance active fut exercée.

Le soir arriva enfin. Aussitôt qu'il fit assez nuit, nous nous dirigeâmes du côté de la route. Pour nous frayer un passage dans ce taillis très fourré, il fallut écarter avec nos mains les branches toutes glacées. Il faisait si froid que la neige qui s'était introduite dans les manches de mon vêtement, me paralysa les poignets ; à la suite de cette évasion, je fus jusqu'à l'époque des grandes chaleurs du Midi de la France, sans rien ressentir dans quelques-uns de mes doigts; cependant, et heureusement, ils n'étaient pas tout à fait gelés, puisqu'au bout de quelques mois, ils étaient revenus à leur état normal.

Lorsque nous fûmes sortis du taillis, nous prîmes le chemin que nous avions déjà suivi la veille. Il y avait beaucoup de neige, et la marche n'était pas facile. Ce ne fut qu'après avoir avancé pendant deux heures environ que nous atteignîmes un village. Il pouvait être huit heures. Nous pénétrâmes dans ce village, composé de quelques habitations seulement. Nous frappâmes aux portes de presque toutes les habitations, mais les habitants étaient déjà couchés, et personne ne voulut nous ouvrir ni même nous répondre, sans doute parce que nous ne parlions pas la langue allemande. Enfin, après avoir parcouru tout le village en allant d'une maison à l'autre, à travers les champs et même les haies, nous trouvâmes une maison où il y avait de la lumière; nous y pénétrâmes brutalement sans frapper, de crainte de subir un nouvel échec. Cette maison était occupée par deux personnes, jeunes encore, probablement le mari et la femme, qui se chauffaient près d'un bon feu. Que l'on juge de leur surprise, de leur frayeur même, en voyant pénétrer chez eux trois hommes dans un tel état de misère et ressemblant à des bandits !

Nous demandâmes sur un ton aussi dur que notre misère était grande, dans un langage certainement peu compréhensible, qu'on nous vendît du pain, de la viande et à boire.

Ces pauvres gens, qui tremblaient de peur, s'empressèrent de nous faire asseoir à une grande table comme celles en usage dans les fermes de France, et de nous servir du pain et du beurre, ainsi qu'un peu d'eau-de-vie, la plus détestable que j'aie jamais bue ; puis ils s'assirent de nouveau près de leur foyer ; nous étions morts de faim et de soif surtout, car il y avait, à ce moment, vingt-six heures au moins que nous n'avions pas pris de nourriture.

Au bout de quelques minutes, le mari s'absenta, pour revenir presque aussitôt. Nous vîmes alors arriver successivement trois hommes en uniformes militaires, chose peu surprenante, attendu qu'en Allemagne on ne voyait plus que des soldats. Ces hommes, qui pouvaient avoir une quarantaine d'années, faisaient probablement partie de la réserve et se trouvaient encore dans leurs foyers. Ils s'assirent près du feu et causèrent ensemble, sans paraître s'occuper beaucoup de nous. Cela m'inquiéta davantage que s'ils avaient eu l'air de vouloir prendre des mesures pour nous saisir. Ces quatre hommes n'auraient pu nous arrêter ; mais je craignais qu'ils n'attendissent du renfort, pour nous prendre au filet, comme à Wesel, et je fis part de ma crainte à mes camarades. Je crois utile de faire connaître que mes deux compagnons ne faisaient pas partie de la bande joyeuse arrêtée à Wesel, le premier janvier.

Nous nous hâtâmes donc de manger et de boire ce qu'on nous avait servi et de demander ensuite, par signes, quelle somme nous devions. Il nous sembla comprendre que c'était deux francs, que je payai, puisque c'était moi qui possédais le plus d'argent.

Nous sortîmes ensuite de cette habitation, très inquiets ; nous craignions beaucoup que ces hommes ne cherchassent des aides pour essayer de nous arrêter : comme on le verra bientôt, nos craintes étaient peut-être fondées.

Aussitôt dehors, nous forçâmes le pas pour nous éloigner le plus promptement possible des maisons. Nous avions à peine parcouru deux cents mètres quand nous trouvâmes la ligne du chemin de fer allant en Hollande, et que j'avais indiquée sur mon croquis. Cette rencontre nous causa une grande satisfaction ; nous pouvions donc, à partir de ce moment, avancer sûrement dans la direction de ce pays. Nous décidâmes que nous suivrions la ligne du chemin de fer jusqu'à la jonction d'une route que nous cherchions, attendu que nous étions bien certains d'être en deçà de ce point.

Nous marchions tranquillement, depuis quelques minutes et avec moins de fatigue qu'avant d'avoir pris ce peu de nourriture, quand j'aperçus, à une centaine de mètres devant nous, à côté du chemin de fer, un homme qui venait de quitter une embuscade pour aller se blottir derrière un arbre. Je m'arrêtai et je prévins mes camarades qui marchaient derrière moi, de ce que je venais d'apercevoir. Nous nous baissâmes, puis je leur montrai l'arbre derrière lequel cet homme s'était caché. Nous restâmes deux ou trois minutes dans cette position, afin de nous assurer s'il était seul. Nous vîmes alors deux autres individus traverser le chemin de fer, pour venir également se cacher derrière des arbres. Nous nous retrouvions donc en présence de nos ennemis que nous venions de quitter et qui nous attendaient ; mais dans quel but ? Avaient-ils l'intention de nous arrêter ? Cela ne paraît pas admissible, car ils n'étaient pas en nombre suffisant. Je pense qu'ils voulurent seulement s'assurer que nous avions quitté le village. Dans la crainte qu'ils ne fussent armés de fusils, nous évitâmes de nous montrer.

Comme il ne nous était plus possible d'avancer, il importait donc de battre en retraite avec soin, afin d'éviter qu'ils nous aperçussent et fissent usage d'armes à feu. Nous descendîmes en rampant le remblai de la ligne du chemin de fer et nous revînmes sur nos pas en longeant cette voie ; nous nous assurions, à chaque instant, que nos guetteurs ne nous suivaient pas ; ils ne se montrèrent plus. Quand nous eûmes parcouru trois ou quatre cents mètres, nous nous arrêtâmes pour décider ce qu'il convenait de faire. Il nous sembla qu'il n'y avait qu'un seul moyen d'éviter l'obstacle et de ne pas nous égarer, qui consistait à faire un crochet à travers champs, afin de dépister les Prussiens, et à venir ensuite rejoindre la ligne ferrée. Il était à supposer, d'ailleurs, que par un froid si vif, ces hommes ne resteraient pas longtemps à nous surveiller. Nous nous éloignâmes donc du chemin de fer, pour faire un contour.

Nous marchions difficilement dans les champs labourés. L'épaisseur de la neige nous gênait beaucoup ; d'autre part, le vent, très fort la veille, l'avait balayée dans les trous, fossés, etc., de manière qu'on ne voyait qu'une surface unie. Il en résulta qu'à chaque instant nous tombions, soit dans un trou, soit dans un fossé. Heureusement que la glace qui existait sous la neige, dans les fossés, était assez solide pour nous porter, car sans cela nous ne fussions pas sortis de ce trajet.

Nous étions tout près de la ligne quand je mis le pied dans un trou. La secousse que je reçus dans la cuisse fut si forte que je crus avoir la jambe cassée. Ne se doutant pas que je m'étais fait mal, car c'était peut-être la vingtième fois que nous tombions, mes deux camarades continuèrent à marcher sans s'occuper de moi. Je me relevai en me plaignant fortement, ce qui appela leur attention et les fit revenir sur leurs pas. Je leur dis que je craignais d'avoir quelque chose de fracturé. Il n'en était rien cependant, et, après quelques minutes de repos, je me remis en marche, en boitant un peu. Nous arrivâmes à la ligne du chemin de fer sans autre accident.

Nous étions très fatigués et nous mourions de soif; l'eau-de-vie que nous venions de boire dans le village nous avait mis le feu dans l'estomac. Il y avait, à cet endroit, au pied de la voie et dans un bouquet de sapins, une source qui coulait. Au moyen d'un gobelet en caoutchouc dont P... était porteur, nous pûmes nous désaltérer. Ensuite, nous enlevâmes la neige au pied de trois sapins et nous nous assîmes par terre, le dos appuyé contre ces arbres. Le froid était si dur qu'au bout de quelques minutes il fallut reprendre notre marche, afin de ne pas nous laisser maîtriser par cette température dangereuse. Ce ne fut pas sans difficulté que nous gravîmes un remblai fort élevé et presque à pic.

Une fois sur la voie ferrée, nous marchâmes dans la direction de la Hollande. Nous avions à peine parcouru quelques centaines de mètres quand je sentis une sueur glacée me ruisseler sur tout le corps et une faiblesse générale s'emparer de moi. Je fus forcé de m'asseoir dans la neige ; je crus que j'allais mourir, tant je souffrais.

Me sentant dans l'impossibilité de continuer mon voyage, je pensai que ce serait commettre un crime que de retenir mes deux camarades qui étaient en état de poursuivre leur évasion. Je leur fis donc connaître mon état, en les engageant à m'abandonner. Tout en me regardant, ils semblèrent ne pas m'entendre et ne répondirent pas. Voyant qu'ils ne paraissaient nullement disposés à suivre mon conseil, je fis un nouvel effort pour tâcher de les convaincre qu'en restant auprès de moi, ils ne me seraient d'aucun secours, puisqu'ils ne possédaient absoment rien pour me soulager.

« Prenez note de l'adresse de mes parents,
« leur dis-je, afin de pouvoir, plus tard, si vous
« sortez vivants du péril, leur indiquer où vous
« m'avez laissé; vous leur direz bien que ma der-
« nière pensée aura été pour la Patrie malheu-
« reuse et pour eux. Ne manquez pas non plus de
« faire connaître à nos anciens compagnons de
« captivité à quel endroit vous m'avez quitté
« mourant. Continuez votre route, rejoignez
« notre chère France. Nous avions juré, en par-
« tant, que les Prussiens ne nous reprendraient
« pas vivants; c'est là pour moi ce que je de-
« mande à l'Être suprême; dans ma situation, je
« ne puis vivre longtemps. »

Il y avait à quelques pas de nous une baraque en planches ouverte et destinée probablement à abriter, pendant leur repas, les ouvriers travaillant sur la voie. J'ajoutai :

« Transportez-moi dans l'abri qui est près de
« nous, et partez, je vous en supplie. Je vais,
« d'ailleurs, vous donner l'argent que je pos-

« sède et qui ne peut plus me servir; que Dieu
« vous protège ; vous avez assez souffert ; vous
« méritez bien sa protection, et je ne doute pas
« qu'il ne vous l'accorde. Adieu, mes deux
« chers amis ! Je ne sais ce qui m'attend, mais
« si je suis repris vivant, les Prussiens ne me
« posséderont pas longtemps; s'ils ne me font
« pas fusiller immédiatement comme chef de
« complot (je répète que je venais de quitter
« la prison), je leur retirerai la satisfaction
« de me faire trop souffrir. »

Connaissant la sauvagerie des Prussiens, mon intention était bien arrêtée : je me serais fait tuer plutôt que de rester leur prisonnier dans une forteresse, comme ceux qui viennent de rentrer d'Allemagne.

Je ne pus cependant, malgré mon courage, cacher mon émotion en pensant qu'il fallait me séparer pour toujours de mes deux compagnons d'infortune. Mais j'étais heureusement en présence de deux amis généreux, dévoués et fidèles à leurs engagements, qui ne voulurent pas m'abandonner ainsi au milieu des neiges, d'où aucun secours ne pouvait m'arriver. Ils protestèrent contre ma proposition, et leur réponse fut aussi énergique qu'affectueuse.

« Puisque le malheur nous poursuit, me dit

« de R., et que, par suite de l'accident qui vien
« de survenir, nous n'avons plus l'espoir d'a[r]
« river ensemble à notre but, nous mourron[s]
« tous les trois, s'il le faut, ici, où le sort nou[s]
« a conduits ; mais nous ne vous abandonneron[s]
« pas, croyez-le bien, et n'insistez pas davan[-]
« tage. » P... me parla dans le même sen[s]
en y ajoutant quelques paroles d'encourage[-]
ment et de la plus grande sympathie.

En entendant la résolution si généreuse d[e]
mes deux compagnons, mon trouble qui éta[it]
à son comble fit éclater mes sanglots et je n[e]
pus contenir plus longtemps mes larme[s.]
Mes deux amis, debout en face de moi, im[-]
mobiles comme des statues, la figure livide, m[e]
regardèrent pleurer sans dire un mot ; ils parai[s-]
saient également très émotionnés, paralysés, [et]
je remarquai, malgré leur précaution à me le ca[-]
cher, qu'ils pleuraient aussi. Au bout de quelqu[es]
minutes, je me sentis moins souffrant. Peu [à]
peu la transpiration qui s'était produite dispar[ut]
et je m'aperçus que mes forces revenaient.

La faiblesse qui m'avait tant fait souffrir f[ut]
occasionnée, sans doute, par la chute que j'ava[is]
faite précédemment. Dès que je me sentis ca[-]
pable de marcher un peu, mes deux camarade[s]
me prirent chacun par un bras pour me soute[-]

nir, et nous continuâmes notre route. Peu de temps après, je pus me passer de leur aide.

Nous avions marché pendant deux heures environ, toujours sur la voie du chemin de fer, sans avoir fait plus d'une lieue, quand nous rencontrâmes une maison seule, contiguë à cette voie. C'était la première habitation que nous apercevions depuis le soir. A ce sujet, je dois faire remarquer que, heureusement pour nous, les gardes de passage à niveau m'ont semblé moins nombreux en Allemagne qu'en France, puisque nous n'avions pas remarqué un seul logement de garde et que nous n'en vîmes même pas le lendemain matin. Nous étions très fatigués ; nous décidâmes donc que nous allions chercher à pénétrer dans cette habitation pour nous y reposer un instant. Il pouvait être, à ce moment, une heure. Nous inspectâmes, avec soin, au moyen d'allumettes, une cave en construction. Ce local ne nous parut pas propice, d'abord parce qu'il était ouvert à tous les vents, ensuite parce que l'eau suintait partout le long des murs. En continuant nos recherches, nous découvrîmes une porte, fermée au loquet seulement ; nous pénétrâmes sans hésiter dans cette pièce, ou plutôt dans cette grange. Il y avait une échelle conduisant dans un grenier à fourrages, où nous

montâmes ; nous nous couchâmes dans le foin.
Brisés de fatigue et d'émotion, nous nous
endormîmes bien vite ; mais notre sommeil fut
court, parce que le froid nous éveilla ; nous
avions aussi la crainte de nous laisser surprendre par le jour.

Mes deux camarades avaient eu la mauvaise
idée de se déchausser ; au moment de partir,
ils ne pouvaient plus remettre leurs bottes, parce
qu'ils avaient les pieds enflés. En outre, de R...
était atteint d'une indisposition qui ne lui laissait pas un moment de repos. Enfin, au bout de
trois quarts d'heure à peu près, ils furent en
état de partir. Pendant que nous nous préparions, nous entendîmes tousser à plusieurs reprises un homme qui était couché dans une écurie contenant toute espèce d'animaux, que
nous distinguâmes parfaitement. Cet homme eut
peur ou ne nous entendit pas, car il ne s'occupa
nullement de nous.

Lorsque nous fûmes prêts, nous descendîmes
dans la grange et, éclairés par une allumette,
nous nous dirigeâmes vers la porte de sortie.
Nous reprîmes comme auparavant la voie ferrée.

Au bout de deux heures de marche environ,
nous atteignîmes un chemin qui traversait le
chemin de fer. Après avoir examiné avec soin

notre plan, ce qui n'était pas facile parce que
le vent éteignait les allumettes, nous constatâmes que ce n'était pas la route que nous
cherchions et allant en Hollande, mais que la direction de ce chemin était bonne et devait certainement aboutir à celle-ci. J'estime que nous
n'étions qu'à douze ou quinze kilomètres seulement de Wesel. Ainsi, nous avions mis trente-quatre heures pour parcourir ces quelques kilomètres. Au bout d'une courte marche, nous
rencontrâmes enfin la route que nous désespérions de trouver.

A la pointe du jour, nous aperçûmes, à environ quatre cents mètres dans les terres et près
d'un bouquet de bois, un village qui, à cette
distance et dans la demi-obscurité, nous parut
peu important. Nous nous dirigeâmes vers une
habitation afin de nous procurer à manger et à
boire, car nous tombions d'inanition. Je crois,
d'ailleurs, que dans l'état où nous nous trouvions, nous n'eussions pu marcher plus longtemps et que cette rencontre nous évita une
catastrophe. Depuis plus de trente-six heures
nous n'avions pas ou presque pas mangé,
attendu que ce que nous avions pris la veille
au soir, avait été bien insuffisant pour nos estomacs, déjà délabrés à ce moment.

Nous arrivâmes sans difficulté à la porte de cette habitation. Il y avait de la lumière. Nous frappâmes. Une femme vint nous ouvrir. A notre vue, et surtout à notre demande de pain, viande etc., faite en allemand qui ressemblait peut-être au langage des Iroquois, demande qu'elle ne comprit certainement pas, cette femme recula d'épouvante; toutefois, elle nous permit d'entrer et nous présenta même des chaises. Elle nous laissa seuls pour aller sans doute prévenir son maître de notre présence. Quelques minutes après, cette domestique revint et se mit à tisonner un feu qui nous ranima. Le maître arriva presque aussitôt. C'était un homme de cinquante ans environ, grand, droit comme un I, portant une barbe très bien soignée. Sa figure indiquait la douceur, et sa physionomie était, à première vue, sympathique. Il n'avait du Prussien que la taille. A son apparition, nous nous étions levés. Il s'avança vers nous d'un pas assuré, sans paraître surpris de notre présence à une heure si matinale, ni de notre habillement de bandits. De son regard perçant et scrutateur, il nous examina pendant quelques secondes, qui nous parurent sans fin; mais il chercha ensuite à nous mettre à l'aise; nous devions avoir l'air si malheureux que nous

lui inspirâmes sans doute de la pitié. Il nous
adressa la parole en allemand. Que nous demanda-t-il ? je ne saurais le dire attendu que, ainsi
que je l'ai déjà fait connaître, nous ne comprenions pas cette langue. Comme nous n'avions pu
lui répondre, il s'adressa à sa domestique et une
courte conservation s'engagea entre eux. Après
avoir donné des ordres à cette femme, qui se
mit à préparer un déjeuner, il nous fit signe de
nous asseoir à table où il s'assit lui-même, près
de nous. Pendant que le café chauffait, la domestique mit trois couverts ainsi que des bols ;
puis, le café étant chaud, elle nous en servit. Elle
fit chauffer du beurre dans une poêle où elle
jeta des tranches de pain qu'elle laissa rissoler
pendant quelques minutes. Cette femme nous
donna ensuite ce pain, en nous faisant comprendre, par signes, qu'il fallait le manger en
buvant notre café. Dès que nos bols furent vides,
cette domestique, qui était momentanément à
notre service, les remplit de nouveau ; elle ne
nous laissa, d'ailleurs, pas le temps de rien désirer ; un plat ou un bol étant vide, immédiatement elle le remplissait.

Ce déjeuner, bien qu'il ne ressemblât en rien
à nos repas français, nous parut délicieux. Pendant que nous restâmes à table, le maître de

la maison ne nous quitta pas, soit par crainte, car nous ne pouvions guère inspirer de confiance, soit qu'il voulût s'assurer par lui-même que sa domestique nous servait bien : c'est là ce que je suppose. Le déjeuner se termina sans que nous eussions prononcé une parole, nous observant les uns les autres. Nous nous trouvâmes beaucoup mieux après avoir mangé et, par conséquent, en état de continuer notre route.

Ne pouvant rester plus longtemps chez ces excellentes gens, car il faisait grand jour, nous nous disposâmes à les quitter. Je voulus payer notre dépense, et je tirai, à cet effet, de ma poche une pièce de vingt francs que je présentai à notre sympathique hôte, en lui faisant comprendre qu'il fallait qu'il se payât de la dépense que nous avions faite. Il refusa ma pièce et me dit : « Vous, Hollande ? » en nous montrant avec la main dans quelle direction se trouvait ce pays. Sa question nous embarrassa fort. Cependant il nous parut plus naturel, dans la circonstance, d'agir avec franchise et nous lui répondîmes : « Oui, » tout simplement. Cet homme affecta de nous plaindre de tout cœur. Il nous fit comprendre que la route était tout près et qu'il allait nous la montrer.

Nous la connaissions bien ; mais nous acceptâmes néanmoins son offre spontanée et si pleine d'intérêt à notre égard. Comme il avait refusé l'or que je lui avais offert, je lui fis comprendre, non sans peine, qu'il fallait qu'il me le changeât contre de la monnaie prussienne. Ce généreux ennemi parut enchanté de ma proposition et il alla me chercher cinq thalers et d'autres petites pièces qu'il me remit en échange de ma pièce de vingt francs. Cette monnaie me paraissant encore insuffisante, pour nos besoins futurs, je lui remis deux autres pièces qu'il me changea également. Cette opération terminée, il nous ouvrit la porte, nous fit sortir et nous accompagna jusqu'à la route. Là, ce bienfaiteur d'un instant nous dit adieu, en nous serrant la main avec frénésie, et il s'en alla.

Cet accueil tout à fait paternel nous fut très sensible, et notre émotion était si grande que nous marchâmes pendant quelques centaines de mètres sans prononcer une seule parole. Quelle avait été la pensée de cet homme, qui se montra si bon pour nous ? Je l'ignore ; mais il y a lieu de supposer qu'il ne crut pas recevoir chez lui des prisonniers français, car s'il avait eu cette pensée, il nous eût probablement congédiés sans nous soulager, dans la crainte de s'exposer à la fureur bismarkienne.

La neige recommença à tomber avec force, et, chassée par un vent glacial épouvantable, elle nous frappait en plein visage, ce qui nous gênait beaucoup pour avancer. Le temps était horrible ; mais il nous fut favorable en ce sens qu'il nous permit de voyager sans crainte pendant le jour, ce que nous n'avions pas fait encore et qui n'était pas, ainsi que je l'ai fait connaître, dans nos plans. Nous décidâmes donc que nous marcherions jusqu'à ce que la tempête fût calmée.

Nous avançâmes pendant longtemps sans apercevoir aucun être humain, parce que personne ne pouvait se hasarder à voyager par un ouragan comme nous n'en avions jamais vu : les oiseaux mêmes se cachaient dans le fond des bois, car nous n'en aperçûmes aucun.

Vers onze heures, nous trouvâmes un village, bordant la route ; nous vîmes seulement deux petits garçons, d'une dizaine d'années, qui étaient sur le seuil d'une porte ; ils ne furent pas très rassurés en nous voyant, à ce qu'il nous sembla, attendu qu'ils rentrèrent brusquement dans la maison, pour nous suivre des yeux, à travers les vitres. Nous continuâmes à marcher pendant un moment encore ; mais, d'après les renseignements figurant sur notre plan et le chemin que nous avions parcouru, il nous parut que nous ne devions pas être loin d'Istelburg, le premier des deux bourgs manufacturiers situés sur la route que nous suivions. Ne voulant pas traverser ces deux bourgs pendant le jour, de crainte de nous faire arrêter, nous décidâmes, en conséquence, qu'il y avait lieu de nous cacher jusqu'à la nuit. Nous pénétrions justement dans un bois de sapins. Comme nous n'apercevions pas Istelburg, nous continuâmes à marcher pendant quelque temps encore et nous arrivâmes presque à la sortie de la forêt ; dans la crainte de ne pas trouver un autre refuge avant d'arriver à ce bourg, nous pensâmes qu'il était plus prudent de cesser d'avancer. Nous quittâmes donc la route pour pénétrer dans cette forêt, où nous nous enfonçâmes à quelques centaines de mètres, afin d'être en sûreté.

Nous nous arrêtâmes à un endroit bien fourré. Il pouvait être, à ce moment, midi.

La neige avait cessé de tomber, et le froid avait repris toute son intensité de la veille. Nous étions brisés de fatigue, et il était nécessaire de chercher le moyen de nous reposer un peu. A cet effet, nous coupâmes quelques branches de sapin, que nous étendîmes à terre, pour nous permettre de nous asseoir et même de nous coucher, par moment. Chacun à notre tour, nous nous allongions sur ces branches ; mois le froid nous en chassait au bout de quelques minutes, après lesquelles nous étions forcés de courir pour nous réchauffer. Ce genre d'exercice nous occasionnait des souffrances atroces, car nous avions les pieds couverts de plaies.

Cette demi-journée nous sembla sans fin.

Pendant un instant nous fûmes très inquiets. Des braconniers, sans doute, vinrent si près de notre gîte que nous fûmes obligés, pour mieux nous cacher, de nous tenir accroupis pendant quelques minutes, qui nous semblèrent des heures. La nuit arriva enfin.

Nous sortîmes de la forêt vers six heures, pour tâcher de franchir les deux bourgs d'Istelburg et d'Anholt, afin d'arriver en Hollande dans la nuit. Il ne nous restait qu'une dizaine de kilomètres à parcourir avant d'être en lieu sûr ; ce qui n'eût rien été sans la neige et nos blessures.

Après avoir marché pendant une heure environ, nous arrivâmes à l'entrée d'Istelburg. Mais, comme il avait été convenu que nous contournerions tous les bourgs et les villages, sans exception, nous nous engageâmes dans les terres pour éviter celui-ci.

Une grande déception nous attendait. Après avoir franchi plusieurs haies, fossés, etc., nous nous trouvâmes dans l'impossibilité absolue de continuer à avancer, parce que de petits cours d'eau, dont le courant était très rapide et qui devaient alimenter les usines, nous barraient le passage. Nous fûmes forcés, au risque d'événements tragiques, de battre en retraite, afin de regagner la route pour traverser Istelburg ; il n'y avait d'ailleurs aucun autre moyen de franchir ce bourg. Pour rejoindre cette voie, nous rencontrâmes toute espèce d'obstacles, et, pendant un instant, nous crûmes même que nous ne nous tirerions pas des embarras qui se dressaient devant nous, sans nous mettre à l'eau. Nous eûmes surtout un cruel moment à passer pour franchir un énorme ravin. Enfin, nous sortîmes heureusement de ce mauvais pas, et nous retrouvâmes notre chemin.

Le bourg était très animé à cette heure où tous les ouvriers sortaient des ateliers ; nous en rencontrâmes plusieurs qui nous saluèrent et auxquels nous pûmes rendre leur salut, grâce à la bonne idée que nous avions eue d'apprendre, avant de partir, à dire en allemand bonjour et bonsoir. Nous traversâmes Istelburg sans le moindre incident.

A la sortie des maisons, la route, bordée de chaque côté d'une rangée d'arbres énormes, était d'un aspect magnifique ; ont eût cru suivre l'avenue d'un château. Nous profitâmes de l'obscurité produite par ces arbres pour nous asseoir, un instant, sur des bornes, afin de nous reposer un peu avant de reprendre notre marche. J'estime qu'il pouvait être huit heures. Il nous restait à parcourir six kilomètres : trois d'Istelburg à Anholt, et également trois d'Anholt à la frontière. D'après nos prévisions, nous devions y arriver vers minuit seulement, parce que la neige et notre état ne nous permettaient pas de faire plus de deux kilomètres à l'heure.

Après nous être reposés pendant un moment, nous reprîmes notre marche, mais avec des douleurs intolérables ; nous avions les pieds tellement meurtris que nous ne pouvions plus faire un pas sans pousser une plainte. Peu à peu cependant nos blessures s'échauffèrent et nos souffrances devinrent moins cruelles. Nous arrivâmes à Anholt après une heure et demie au moins de marche. Nous essayâmes, comme à Istelburg, de contourner le bourg; mais, en raison des mêmes difficultés, il nous fut impossible d'y arriver. D'ailleurs, nous ne persistâmes point dans notre projet; au premier obstacle, nous rejoignîmes la route.

A l'entrée d'Anholt un logement, qui nous parut être un bureau d'une administration quelconque (octroi ou régie) était ouvert ; deux employés, qui étaient sur le seuil de l'entrée, nous fixèrent beaucoup ; ils nous suivirent du regard aussi loin qu'ils purent, en ayant l'air de nous suspecter; cela nous inquiéta assez sérieusement. Nous arrivâmes bientôt à l'extrémité du bourg. Mais là, soit que nous nous fussions trompés de route, ce qui paraît peu douteux, soit que ce fût bien sur notre route que l'obstacle existât, nous fûmes arrêtés par un pont-levis qui se dressait devant nous. Nous n'en croyions pas nos yeux. Nous cherchâmes, mais vainement, les moyens de franchir cet obstacle. Nous ne savions que faire. Cependant il n'y avait pas à hésiter longtemps : les moments devenant de plus en plus précieux, il fallait trouver promptement une solution pour sortir de cette situation. Nous nous décidâmes à revenir sur nos pas, pour prendre une des routes que nous avions laissées à droite, qui, d'après notre plan, devait nous conduire également en Hollande. Nous retraversâmes tout le bourg.

En passant, de nouveau, devant le bureau dont j'ai parlé, deux employés qui étaient dehors, probablement les deux mêmes qu'à notre premier passage, nous regardèrent encore effrontément. Nous quittâmes la route pour tourner à gauche.

Nous avions parcouru une centaine de mètres quand nous vîmes, en regardant en arrière, précaution que nous n'avions pas manqué de prendre depuis notre départ de Wesel, que quelques hommes nous suivaient, en cherchant à se cacher derrière de gros arbres qui bordaient la route.

Dans quel but ces hommes nous suivaient-ils ? Il est à supposer que notre tenue avait éveillé leur attention et qu'ils voulurent tout simplement s'assurer si nous allions nous éloigner du bourg, ou si nous voulions y rester. Nous ne cherchâmes point à fuir, ce qui aurait pu, d'ailleurs, nous compromettre et nous créer de sérieux ennuis ; nous fîmes comme eux, nous nous arrêtâmes chacun derrière un arbre. Ces hommes, probablement dans la crainte que nous ne fussions armés, n'avancèrent pas plus loin ; au contraire, nous les vîmes, au bout de quelques minutes, se retirer avec précaution.

Lorsque nous fûmes certains qu'ils étaient partis, nous reprîmes notre marche. Nous commencions, de nouveau, à n'en pouvoir plus. La soif, occasionnée par la fièvre qui ne nous quittait pas, nous faisait horriblement souffrir. Pour nous désaltérer, nous sucions de la neige, qui nous rendait encore plus malades. La sueur nous ruisselait sur tout le corps, la fatigue nous écrasait. Nous nous arrêtions très souvent pour nous reposer un peu.

Au bout d'une heure de marche à peu près, nous trouvâmes une petite maisonnette en mauvais état, près de laquelle coulait un ruisseau. Nous étions heureux de rencontrer de quoi étancher notre soif. P..., qui avait le gobelet de caoutchouc, nous servit à boire. Lorsque nous fûmes désaltérés, nous nous assîmes sur des pierres pour nous remettre un peu ; mais lorsqu'il fallut reprendre notre route, nous nous trouvâmes à bout de forces ; nous avions les pieds dans un état inimaginable de déchirures. Ne nous sentant plus la force de marcher, nous étions décidés à pénétrer dans la maisonnette dont je viens de parler, que nous croyons inhabitée. P... fut encore, dans cette circonstance, le plus courageux, le plus fort plutôt, car il paraissait avoir des nerfs d'acier. Dans la crainte de commettre une imprudence, si cette habitation était occupée, il nous proposa de faire encore quelques centaines de mètres pour tâcher de trouver des traces de la frontière hollandaise, dont nous devions approcher. Après avoir traversé le ruisseau qui inondait un peu le chemin et nous être éloignés de cette habitation, nous consultâmes notre plan ; nous constatâmes que nous devions, en effet, être à peu de distance de la frontière.

Nous reprîmes notre marche en boitant et en gémissant. P... fut bien inspiré en s'opposant à notre entrée dans l'habitation que nous venions de rencontrer, et qui n'était autre chose qu'un poste de douaniers prussiens.

CHAPITRE IX

ARRIVÉE EN HOLLANDE

Nous suivîmes, pendant un instant, un chemin bordé de grands arbres. Nous avions peut-être parcouru trois cents mètres quand nous trouvâmes quelques maisons en façade sur ce chemin. Il fut convenu que nous allions nous assurer où nous étions ; nous n'aurions pu, d'ailleurs, à ce moment, continuer notre marche que pendant quelques centaines de mètres tout au plus, nos forces étant épuisées et nos douleurs n'étant plus supportables ; il eût fallu, malgré notre courage, succomber au moment d'atteindre notre but. Nous pénétrâmes dans une cour et nous frappâmes à la porte d'une maison. Un homme nous dit en français : « Qui est là ? » Notre étonnement fut grand en entendant parler notre langue. Il n'y avait pas à en douter, nous étions en Hollande, dans un pays ami : nous devions être sauvés ! Après avoir répondu : « Nous sommes Français, » nous entendîmes cet homme se chausser de ses sabots et se diriger sans lumière vers la porte, qu'il ouvrit ; puis, sans dire un mot, il nous prit l'un après l'autre par la main et nous tira brusquement dans sa demeure, en prononçant tout bas, afin de ne pas être entendu par les douaniers : « Ici, Hollande. » La porte close, cet ami ferma également tous les volets des fenêtres et alluma une lampe. Ensuite, il nous dit : « Vous êtes des prisonniers français, n'est-ce pas ? D'autres sont passés ici déjà, mais ils paraissaient avoir moins souffert que vous. » Lorsqu'il nous eut demandé si nous avions faim, cet homme éveilla sa femme, ses enfants et ses domestiques. Il était minuit et demi.

Dès que tout le monde fut debout, chacun s'occupa de nous donner ce qui nous était nécessaire. Un énorme feu fut allumé. Pendant qu'on nous préparait à manger, de l'eau chauffait pour nous laver les pieds et nous permettre de nous soigner. On nous donna du suif, du linge bien propre et des bandes. Dire ce que nous souffrîmes quand nous trempâmes nos pieds dans l'eau tiède me paraît impossible. Lorsque nos pansements furent terminés, nous nous mîmes à table en compagnie du maître et de la maîtresse de la maison qui nous comblèrent de marques de sympathie ; leurs enfants et les domestiques restèrent assis autour du foyer. Pendant le repas, auquel nous ne fîmes pas grand honneur, parce que la fièvre nous dévorait, il fallut raconter notre voyage ; nous le fîmes, mais succinctement. Notre court récit parut intéresser beaucoup ces braves gens et les émotionna considérablement.

Quand nous eûmes fini de manger, le chef de famille nous dit qu'il avait fait préparer un lit pour nous ; mais il nous exprima son regret de n'en pouvoir mettre à notre disposition qu'un seul pour trois personnes. Cet homme nous conduisit dans la chambre qui nous était destinée. Il nous quitta, après avoir échangé avec nous quelques poignées de mains et un bonsoir. Le lit était, en effet, bien étroit pour être à l'aise ; cependant nous eussions pu dormir si nous n'avions été si souffrants. Dès que nous eûmes les pieds à la chaleur, nos blessures furent si intolérables que le sommeil fut impossible.

Aussitôt qu'il fit suffisamment jour, vers sept heures, nous nous levâmes. Tout le monde était déjà debout. Nous étions dans un triste état ; nous souffrions énormément chaque fois qu'il fallait faire un pas, sans parler de la fièvre, qui ne nous avait pas quittés.

Mais il fallait, malgré cela, songer à continuer notre marche vers la France, notre malheureuse patrie. A neuf heures, le déjeuner fut servi et nous fûmes invités à nous mettre à table, avec tout le personnel de la maison. Il y avait des mets en quantité ; nous mangeâmes mieux que la veille, bien que nous ne fussions plus que de pauvres invalides.

A dix heures, le repas étant terminé, nous nous disposâmes à partir pour Teer-Borg, petite ville située à une dizaine de kilomètres du village. Nous offrîmes à nos hôtes de payer la dépense que nous avions faite ; mais ils ne voulurent pas entendre parler de cette question. Pour toute réponse, ils nous dirent qu'ils seraient heureux de nous posséder pendant quelques jours et ils insistèrent beaucoup pour nous garder. N'ayant pu nous décider à rester, ils nous dirent qu'un domestique avait été commandé pour nous accompagner jusqu'à Teer-Borg, afin de ne pas nous exposer, d'abord, à nous tromper de chemin, et, ensuite, pour nous faire prendre la ligne la plus courte. Nous fîmes nos adieux à toute la famille, ainsi qu'aux domestiques, car tout le personnel était présent, et nous nous séparâmes de ces généreuses personnes. Nous étions tous très émotionnés ; les femmes pleuraient.

Notre bienfaiteur voulut nous accompagner jusqu'à la sortie du village ; il fallut, selon son désir, faire plusieurs haltes chez ses voisins, auxquels il nous présenta comme prisonniers français et « amis » ; il ne manqua pas de raconter notre évasion partout où nous entrâmes.

Tous ces Hollandais, qui nous témoignèrent beaucoup de sympathie, nous mirent dans l'obligation de prendre plusieurs cafés. Enfin, vers midi seulement nous quittâmes l'excellent homme qui nous accompagnait, après lui avoir promis de lui écrire une fois rendus en France ; il nous fit connaître son nom et celui du village, qui se nomme Gelderland, autant que je puis me souvenir. Je lui écrivis dans le courant de la même année.

Notre guide nous fit suivre des chemins non carrossables. La neige nous gêna beaucoup. Au bout d'une heure de marche très pénible, nous atteignîmes le bourg de Genderingen, où nous

nous arrêtâmes pendant quelques minutes, dans un café, pour nous désaltérer, car la fièvre nous consumait.

Après un moment de repos, nous nous remîmes en marche pour Teer-Borg, où nous arrivâmes à quatre heures. Nous nous arrêtâmes à l'hôtel du même nom, où nous fûmes bien accueillis. Nous étions très fatigués, bien que nous n'eussions parcouru qu'un peu plus de deux lieues.

Nous fîmes servir à manger à notre guide et nous lui donnâmes un pourboire qu'il n'accepta que sur notre insistance.

Nous dînâmes de bonne heure, en compagnie de plusieurs pensionnaires, auxquels il fallut donner quelques renseignements sur notre évasion.

A huit heures, nous quittâmes cette société sympathique pour aller nous coucher, car nous souffrions beaucoup. Nos chambres étaient meublées confortablement et les lits étaient bons. Malheureusement nous en profitâmes peu, attendu que, comme la nuit précédente, nous endurâmes des souffrances atroces, occasionnées par la chaleur du lit.

Le lendemain, nous ne nous levâmes pas trop tard, afin de faire nos pansements et d'être prêts à prendre la voiture publique correspondant avec le chemin de fer. Nous déjeunâmes à dix heures pour partir à onze. Après notre repas, nous demandâmes à payer notre dépense. Le chiffre porté sur la note qu'on nous présenta était ridicule et nous le fîmes remarquer à l'hôtelier qui nous dit que le compte était exact. D'ailleurs, ajouta-t-il, vous avez encore un long trajet pour arriver en France et l'argent que vous possédez sera peut-être insuffisant.

A l'heure indiquée, on vint nous prendre. Nous fîmes nos adieux aux gens qui nous avaient si bien accueillis et nous montâmes en voiture ; elle contenait déjà quelques voyageurs ; nous partîmes aussitôt.

Nous avions vingt-cinq kilomètres à parcourir avant d'être rendus à la station du chemin de fer. Nous traversâmes, autant que je puis me souvenir, les bourgs de Doëtinchen, de Laag-Keppel, de Drempt et de Desselborg. Au bout de deux ou trois heures de marche, nous rencontrâmes l'Issel, que nous traversâmes en bac.

Cette rivière est connue dans l'histoire romaine par les travaux que fit exécuter Drusus pour la relier au Rhin, afin d'entrer par mer en Germanie et de porter la guerre sur les bords de l'Ems et du Weser.

Enfin, nous arrivâmes à la station du chemin de fer à Ellekem, où nous prîmes trois billets pour Rotterdam. Quelques minutes après, le train arriva ; nous montâmes dans un wagon de 3e classe inoccupé. Le froid était toujours excessif.

Nous arrivâmes à Rotterdam à sept heures du soir. A la gare, nous demandâmes à un agent de police de nous indiquer un hôtel fréquenté par des Français ; il nous conduisit lui-même à l'hôtel de la Couronne.

A notre arrivée, on nous demanda, conformément au règlement, nos noms, prénoms, âges et qualités qui furent consignés sur un registre *ad hoc*. Lorsque nous eûmes fait connaître notre qualité de prisonniers français, l'hôtelier et sa jeune femme nous comblèrent de prévenances, de marques de sympathie, et ils nous offrirent les choses nécessaires pour nous soigner, car nous ne pouvions plus tolérer nos souffrances. Nous demandâmes ensuite qu'on nous servît à manger.

Pendant notre repas, quelques-uns de nos compatriotes, ainsi que des Hollandais, vinrent causer avec nous. Le dîner terminé, ils nous invitèrent à passer un moment avec eux, avant d'aller nous reposer. A onze heures seulement, nous quittâmes cette aimable compagnie. Nous nous couchâmes après avoir complété nos pansements. La nuit fut aussi mauvaise que les précédentes, nous ne dormîmes pas.

Dès qu'il fit jour, nous nous levâmes ; nous fûmes aussitôt informés que le café nous attendait. Nous descendîmes le prendre, en compagnie de plusieurs des Hollandais qui avaient passé la soirée avec nous.

Pendant que nous étions à table, un chapelier vint demander à parler aux trois prisonniers français logés à l'hôtel. Le maître de l'établissement nous désigna. Cet homme nous présenta des coiffures de fourrures et nous dit qu'un des messieurs qui étaient avec nous la veille, nous priait d'en accepter chacun une, de notre choix, en souvenir de notre passage à Rotterdam. Nous ne pouvions refuser cette offre ; et nous prîmes trois coiffures dans les prix les plus inférieurs, car il y en avait qui valaient jusqu'à vingt-cinq francs.

L'heure du déjeuner étant arrivée, nous nous mîmes à table. Les pensionnaires qui étaient avec nous craignaient qu'on ne nous inquiétât, si nous avions été signalés à l'autorité hollandaise ; l'un d'eux, entrepreneur de bâtisses, d'origine française, offrit de nous prendre sous sa protection jusqu'à Bruxelles, où il avait affaire le lendemain ; nous acceptâmes la proposition qui nous était faite et le départ fut fixé à sept heures du matin. Après le déjeuner, plusieurs de ces messieurs nous offrirent des vêtements, en prétextant que les nôtres étaient en très mauvais état et insuffisants pour la saison ; en quelques minutes, notre habillement fut transformé. Ces mêmes personnes nous engagèrent aussi à nous présenter chez le consul français, afin de tâcher d'obtenir un secours pour nous rendre en France. Bien que nous eussions encore des ressources, nous suivîmes cependant le conseil qui nous était donné et nous décidâmes que nous irions dans la journée chez ce fonctionnaire.

Nous nous préparâmes, en conséquence, à cette visite ; comme il ne nous était guère possible de nous y rendre à pied, en raison de notre état, nous eûmes recours à une voiture de place. Le consul nous reçut avec bienveillance, nous questionna sur notre évasion et nous remit une somme d'argent ; il nous dit qu'il fallait être prudent, afin de ne pas appeler l'attention sur nous et d'éviter de compromettre le gouvernement hollandais.

Nous rentrâmes directement à l'hôtel, où nous

restâmes à nous reposer le reste de la journée, pour être en état de partir le lendemain matin, ainsi qu'il avait été convenu.

Nous passâmes la soirée avec les personnes qui nous avaient montré déjà tant de sympathie. A dix heures, nous leur fîmes nos adieux, après les avoir remerciées du bon accueil qu'elles nous avaient fait.

Le lendemain matin, nous nous levâmes de bonne heure pour nous préparer au départ. L'entrepreneur dont j'ai parlé vint nous prendre à l'heure fixée la veille.

Au moment de partir, l'hôtelier et l'hôtelière nous firent mille amitiés ; de notre côté, nous leur adressâmes des remerciements bien mérités et nous nous séparâmes d'eux avec une émotion visible.

La gare du chemin de fer n'était pas très éloignée de l'hôtel, fort heureusement pour moi principalement, le plus blessé des trois.

L'entrepreneur nous traita vis-à-vis des employés comme ses ouvriers, et il prit nos billets de place pour Bruxelles. Quelques minutes après, nous étions en wagon, et bientôt le coup de sifflet de la locomotive nous annonçait le départ. Le train s'ébranla et nous partîmes à toute vapeur dans la direction de Bruxelles. Nous n'avions pas pu visiter la ville de Rotterdam qui est d'un bel effet avec les mâts des navires qui se mêlent aux flèches des édifices publics. Les vaisseaux de grand tonnage pénètrent jusqu'au centre de la cité dans les nombreux bassins.

Nous arrivâmes à Bruxelles vers midi, sans avoir trop souffert du froid, bien qu'il fût toujours excessif. Notre protecteur nous conduisit chez son beau-frère, qui tenait un grand magasin dit « Bazar Parisien ». Nous y fûmes très bien reçus. Nous nous trouvâmes en présence d'un sergent français prisonnier qui, à la suite d'une blessure miraculeuse, avait été soigné en Belgique ; ici, la mémoire me fait défaut et je ne pourrais dire comment il se faisait que ce sous-officier fût là, en qualité de garçon de magasin. Sa blessure provenait d'une balle qui l'avait frappé en pleine poitrine et était sortie derrière le dos. Nous ne voulions pas tout d'abord croire à une blessure de ce genre, attendu que notre compatriote paraissait se porter parfaitement bien ; mais il fallut nous rendre à l'évidence, quand il nous eut montré l'endroit par où la balle était entrée et celui par où elle était sortie. Ce prisonnier nous dit qu'il avait été trouvé mourant sur le champ de bataille ; qu'il avait beaucoup souffert, mais qu'il ne ressentait plus rien. Le déjeuner étant prêt, nous fûmes invités à nous mettre à table. Comme à Rotterdam, nous fûmes comblés de marques de sympathie.

Nous sortîmes dans l'après-midi pour aller dans un café voisin, où nous restâmes jusqu'au moment du départ. Il nous fut impossible de visiter la ville, tant nous éprouvions de difficulté à marcher. Le soir, à cinq heures, nous nous rendîmes à la gare afin de prendre le train qui, cette fois, devait nous conduire en France.

A la pensée que j'allais cette nuit même revoir la France, je fus enivré par la joie ; je pense que mes deux camarades éprouvèrent le même bonheur. Mille pensées traversaient mon esprit. Je me voyais déjà sur un nouveau champ de bataille, pour me venger, dans la mesure de mes moyens, de toutes les atrocités dont j'avais été témoin et victime ; car ce fut principalement dans ce but et pour être utiles à notre pays, que nous entreprîmes cette périlleuse évasion.

Emporté par le feu de la jeunesse, j'oubliais trop facilement mon état de fatigue et qu'il fallait d'abord songer à me guérir avant de rendre les faibles services que mes capacités et mon grade me permettaient de fournir. Absorbé par mes idées enthousiastes, j'arrivai à la gare sans avoir trop souffert. Nous prîmes nos billets pour Lille, et, après avoir fait nos adieux à nos dévoués compatriotes, nous montâmes en wagon.

Bientôt après, le train se mit en marche, nous emportant dans la direction de la France. Nous ne dormîmes pas, tant nous étions préoccupés de ce qui allait se passer avant de toucher au sol français, parce qu'à Bruxelles on nous avait informés qu'à la frontière, un contrôle sérieux était fait, par les employés belges, dans le but d'empêcher la rentrée en France des nombreux prisonniers français internés en Belgique. On ajouta même que l'Allemagne avait invité formellement le gouvernement belge à y veiller avec soin : ces dires n'avaient peut-être aucun fondement. Cependant, plus nous approchions du but, plus notre inquiétude augmentait. Nous y arrivâmes enfin et le train s'arrêta. Nous ne descendîmes pas du wagon pendant qu'on fit le contrôle : nous étions très inquiets. A notre grande surprise, les employés ne se présentèrent même pas à notre compartiment.

CHAPITRE X

RENTRÉE EN FRANCE

Le train se remit bientôt en marche, et nous arrivâmes à Lille, sans incident, à trois heures du matin, le vingt-huit janvier.

L'heure étant peu propice pour trouver un hôtel afin d'y passer le reste de la nuit, nous étions très embarrassés, quand un individu à qui nous nous adressâmes pour avoir des renseignements, nous demanda si nous étions des prisonniers évadés. Sur notre réponse affirmative, il nous dit que l'administration militaire avait fait installer des lits dans une maison particulière, en vue de recevoir les prisonniers qui rentraient journellement. « Si vous le désirez, nous dit-il, je vais vous y conduire. » Nous acceptâmes son offre.

A notre arrivée, cet homme nous introduisit dans une grande pièce ressemblant beaucoup, par son installation, à une chambrée de caserne, à l'exception des lits. Il y avait déjà quelques malheureux, comme nous, qui dormaient. Deux lits seulement étaient vacants: nous les occupâmes pendant le reste de la nuit, qui fut aussi mauvaise que les précédentes.

A la pointe du jour, nous nous levâmes pour aller nous présenter au commandant de la place. Cet officier supérieur, qui nous reçut assez froidement en ayant l'air de *nous demander ce que nous venions faire en France*, nous assigna à chacun un régiment ; mes deux camarades furent incorporés dans un régiment de cavalerie en formation à Lille. Quant à moi, je fus envoyé à Condé, dans un régiment d'infanterie, également en formation.

Dans ces régiments, mais principalement dans celui de mes deux camarades, nous fûmes pendant quelque temps traités comme suspects ; nous entendîmes même chuchoter les mots déserteurs rejoignant l'armée : nous avions, en effet, déserté les prisons ennemis pour venir nous mettre au service de la France ; ce qui n'était pas tout à fait la même chose.

Il était écrit qu'aucun chagrin ne devait m'être épargné. La séparation si subite de mes deux compagnons d'infortune m'affecta beaucoup. Quelques jours après, j'eus cependant la joie de les revoir, à Lille, avant de me séparer d'eux pour toujours. Je n'ai pas eu souvent des nouvelles de ces deux sous-officiers ; je sais pourtant que P..., que j'ai perdu de vue, a quitté l'armée et qu'il fut plus tard secrétaire du vice-roi d'Egypte; et que de R..., après avoir attendu pendant des années encore le grade de sous-lieutenant, est capitaine dans un régiment de cavalerie. L'armée peut compter sur l'épée de celui de nous trois qui lui reste, comme elle aurait pu, d'ailleurs, compter sur les nôtres ; je suis certain que de R... de L... la portera aussi vaillamment qu'il a tenu ferme la latte de sous-officier dans cette charge héroïque de Gravelotte. Le peu de temps que j'ai passé avec ces deux hommes de caractère m'a permis de constater qu'ils avaient le cœur aussi bon que leur courage est invincible : et personne ne possède à un plus haut degré qu'eux cette qualité.

Le lendemain de mon arrivée à Condé, je fus placé dans une compagnie, avec mon grade de sergent-major, après avoir toutefois passé un examen sur la comptabilité. Le major commandant le dépôt n'avait pas cru devoir me rendre mon grade avant de s'être assuré par lui-même de mes connaissances. Cet officier supérieur, dont je me plais à reconnaître la valeur, fut ensuite très bienveillant pour moi.

Je fis mon service chaussé de sabots que j'avais achetés avec mes propres ressources, parce qu'il m'avait été absolument impossible de mettre des souliers. Quelques officiers me surnommèrent le « sergent-major aux sabots », d'autres le sergent-major du « bataillon de la Moselle », parce qu'en 1792, un bataillon avait fait la campagne en sabots.

Plus tard, je rejoignis le régiment auquel j'appartenais et où je reçus le grade d'adjudant. Peu de temps après, je quittai l'armée, à Paris, avec la satisfaction du devoir accompli (doctrine qui peut paraître un peu stoïque), en emportant pour tout bagage l'estime de mes chefs, la sympathie de mes égaux et la considération de mes inférieurs.

Je crus que c'était assez.

CHAPITRE XI

BUT DU RÉCIT

Je ne pense plus aujourd'hui comme à cette époque.

Faire son devoir, quand on a l'honneur de porter un fusil ou un sabre, me paraît une chose insuffisante ; et j'estime que, quelle que soit sa situation, chaque homme doit toujours consacrer à la patrie une partie de son intelligence et de ses forces.

Ainsi que je l'ai exposé dans mon avertissement, c'est sur l'insistance de quelques personnes qui désiraient le lire, que j'ai entrepris d'écrire ce récit, que je n'avais nullement l'intention de livrer à la publicité. Mais, à peine avais-je commencé à relater les tristes faits qui précèdent, que mes plaies, mal cicatrisées, se sont rouvertes, et que je me suis senti entraîné vers un double but ; j'ai dû, en conséquence, donner plus d'extension à mon œuvre, afin d'atteindre ce second but.

Comment expliquer ce changement dans mes idées, qui est tout à fait en contradiction avec ce que j'ai dit plus haut ? Bien qu'il semblât tout simple d'invoquer l'expérience que j'ai acquise dans les dix-sept années qui se sont écoulées depuis ce grand drame, la difficulté m'avait paru si grande que, sans les conseils d'un de mes anciens camarades de régiment et ami, officier de l'armée active, j'aurais adopté la résolution de me taire sur le but principal de cette publication.

Je vais donc, pour ainsi dire malgré moi, essayer d'exposer ce que je voulais me borner à penser.

Ma prose manquera sans doute d'éloquence pour développer un sujet si délicat ; mais comme, dans tout acte, il convient de dégager la pensée de l'auteur, j'espère néanmoins être compris.

Mon premier but, je viens de le rappeler. Le second est basé sur un tout autre ordre d'idées, que je n'ai point l'intention de qualifier : il y a certaines choses que l'on doit toujours avoir au cœur, mais qu'on ne doit nommer qu'avec prudence.

Je crois toutefois utile de dire que je tiens à ne montrer en moi, dans ce récit, qu'un acteur qui a plus ou moins bien rempli son rôle dans l'évasion périlleuse que le lecteur, j'en suis bien certain, n'a pas suivie sans émotion.

En faisant connaître publiquement la conduite des militaires prussiens à l'égard des prisonniers malades de l'armée de Metz, j'ai envisagé une chose : c'est que, le moment venu — c'est-à-dire quand les Prussiens auront envahi notre territoire — les hommes de cœur qui m'auront lu, et qui auront été touchés par tant d'atrocités, vengeront ceux qui sont morts sous les coups de ces soldats féroces, que leurs officiers approuvaient tacitement en notre présence, et qu'ils félicitaient, sans doute, quand ils se trouvaient en tête à tête avec eux.

J'exclue les ex-prisonniers encore vivants, les sous-officiers surtout, qui n'ont pas oublié les mauvais traitements et les humiliations de toutes sortes dont ils ont été abreuvés, et qui auront à cœur de se venger eux-mêmes.

Le projet en préparation aux Chambres, qui

doit porter à quarante-cinq ans la durée du service militaire, atteindrait encore, en ce moment, beaucoup des ex-sous-officiers de cette armée, la plus malheureuse de toutes — son chef ne lui permit même pas de continuer la lutte — qui, ballottés comme un navire désemparé, démoralisés, sans espoir, quittèrent leurs régiments avec regret, avec amertume. On peut affirmer qu'à l'heure indiquée — si elle sonne assez tôt pour eux — ces sous-officiers seront présents.

Quant à ceux qui ont dépassé l'âge de quarante-cinq ans et qui échapperont au projet en question, il y a lieu d'espérer qu'ils n'hésiteront pas, néanmoins, pour la plupart, à aller se placer volontairement sous le commandement de leurs anciens camarades, qui sont aujourd'hui des officiers expérimentés, pour contribuer à arrêter l'invasion prussienne.

Malgré leurs imperfections, les sous-officiers de ces deux catégories sauraient encore se mesurer avantageusement avec ceux qu'ils ont fait, sinon trembler, du moins douter que le nombre pût vaincre la valeur. Sur les champs de bataille — mais là seulement — les ex-sous-officiers de l'armée de Metz, sous l'influence des tristes événements qui précèdent, retrouveraient la solidité et l'énergie qu'ils ont déployées, principalement dans les luttes gigantesques de Gravelotte et de Saint-Privat : savoir bivouaquer, se battre et souffrir, c'est bien quelque chose, et ces sous-officiers ont incontestablement donné des preuves de ces qualités.

Ce récit, auquel il a manqué une plume mieux préparée, ne présentera qu'un intérêt médiocre, moins que médiocre peut-être, pour certains lecteurs, mais il pourra être goûté par les jeunes gens. Dans cet espoir, c'est particulièrement par eux que j'envie d'être lu.

Je me résume en disant que j'ai voulu appeler l'attention de la jeunesse sur trois points, qui sont bien marqués, je crois, dans cet ouvrage : la grandeur du drapeau, les brutalités exercées sur nous par les militaires prussiens, enfin les difficultés que peuvent vaincre des hommes ne craignant rien quand il s'agit de la patrie.

Dans cet appel je reviens incidemment sur la question du drapeau. J'en profite pour reprendre une partie d'un sujet que j'ai abandonné au commencement de mon récit, pour le motif que je vais indiquer, mais qui me tient au cœur.

En relatant la douloureuse émotion produite sur nous par la remise aux Prussiens de notre drapeau, j'ai dit que les grands corps qui forment l'âme de la patrie (armée, magistrature, enseignement, religion), ont fait de ce symbole un culte par leur unité d'action.

Dans mon manuscrit, je m'étais attaché à développer comment j'entends le concours de chacun d'eux dans la formation de cette unité, et j'avais cru devoir parler aussi des éléments qu'y apporte la famille. Mais l'imprimeur-éditeur, dont le talent et l'expérience dans l'art d'écrire sont connus, m'a fait remarquer que plusieurs personnes, entraînées par le cours du récit, pourraient trouver cette parenthèse trop longue et être tentées de passer outre. Je me suis incliné, à regret cependant, devant cette observation, qui ne peut qu'être fondée.

Le lecteur, qui a pu constater l'entêtement et la ténacité dont j'ai donné des exemples au sujet de mon évasion, sait maintenant que je n'abandonne pas facilement l'idée que j'ai mûrie ; il ne sera donc pas surpris de me voir revenir sur une fraction de l'unité d'action, dont j'apprécie considérablement le concours, qui me paraît irréfutable.

Il s'agit de la famille qui transmet, de génération en génération, des principes qui ne disparaissent jamais complètement, qu'ils soient bons ou qu'ils soient mauvais, et qui jette les premiers fondements de l'unité d'action.

C'est d'elle, en effet — le bureau de recrutement des grands corps que j'ai cités — que dépend surtout, selon moi, le sort de la nation, représentée par le drapeau.

Dans beaucoup d'intérieurs que je connais, et j'aime à penser qu'il en est ainsi dans presque tous, les parents contribuent puissamment, au moyen des actes ci-après, à l'action commune, qui a pour objet de sauvegarder l'honneur de cette image sacrée.

Le père, à l'exemple des Régulus, la mère, comme les grandes dames romaines, en montrant à leurs enfants l'exemple du travail, du devoir, du sacrifice et en ne les entretenant que de nobles sentiments ; en gravant dans leur mémoire les noms des grands capitaines et des grands patriotes ; mais aussi les noms des Français qui ont été assez abjects pour oser faire passer le drapeau dans les mains de nos ennemis, alors qu'il ne nous restait que lui comme espoir, et en leur faisant haïr ces derniers autant qu'aimer les premiers ; en appelant leur attention sur ce point que le drapeau peut sembler pâlir, peut paraître anéanti — c'était bien le cas il y a dix-sept ans ; — mais qu'ils devront toujours, dans ces moments néfastes, qui sont bien faits cependant pour nous instruire et nous tenir en vigilance, avoir présentes à leur esprit ces paroles de de Jouy :

> Nos drapeaux malheureux n'en sont que plus sacrés ;
> Quand la patrie en pleurs de deuil les environne,
> Eternelle infamie à qui les abandonne !

en leur enseignant que, dans les moments critiques, tous les regards doivent converger vers cette figure dont la majesté est seule assez imposante pour faire cesser nos divisions intestines; enfin, que tous les Français à quelque parti qu'ils appartiennent, doivent en présence du danger oublier leurs convoitises, mettre le drapeau, comme je l'ai déjà dit, représentant la patrie, au-dessus de leurs intérêts personnels et renoncer à faire triompher une cause quelconque, pour s'unir sous ses plis, où se trouvent abrités le dévouement, l'honneur, la force, l'espoir.

Je tiens maintenant, sans peut-être en avoir le droit, à formuler un désir.

Je serais heureux d'avoir réussi à faire pénétrer dans les cœurs de cette jeunesse, sur laquelle la France fonde ses espérances, un peu de ce souffle de patriotisme dont notre nation seule a le secret, et qui n'a nullement disparu (ce serait une infamie de le penser), mais auquel nos malheurs ont certainement porté atteinte.

Je serais heureux, dis-je, si heureux, que je n'ose l'espérer, d'avoir pu, comme acteur, montrer à ces jeunes âmes que rien ne peut faire faiblir des hommes qui savent mettre les intérêts de la patrie au-dessus des leurs, au-dessus de leur santé, au-dessus de leur vie, attendu que c'est le désintéressement de soi-même qui donne le courage nécessaire pour arriver à l'abnégation, sans laquelle on ne peut former des hommes de caractère, utiles, enfin, incapables de forfaiture.

Et il ne faut pas perdre de vue que ce sont des hommes possédant ces qualités qu'il nous faudra pour reconquérir nos deux provinces, perdues dans un jour de surprise, et délivrer de l'étreinte nos frères qui versent souvent des larmes en pensant à la liberté, à nous et à la France.

TABLE

PREMIÈRE PARTIE

Avertissement....................................	1
Chapitre Ier. — Événements qui ont précédé la capitulation............................	9
Chapitre II. — Capitulation. — Versement du matériel de guerre et du drapeau.........	19
Chapitre III. — Remise de mon régiment à l'ennemi..................................	33
Chapitre IV. — Formation des prisonniers en détachements. — Voyage entre les baïonnettes prussiennes...........................	41

DEUXIÈME PARTIE

Chapitre Ier. — Installation du cantonnement...	79
Chapitre II. — Sorties de l'île de quelques sous-officiers................................	89
Chapitre III. — Projet d'évasion................	97

Chapitre IV. — Notre arrestation à Wesel...... 109
Chapitre V. — Séjour à la prison............. 125
Chapitre VI. — Évasion. — Départ de l'île de
    Buderich et de Wesel.................. 143
Chapitre VII. — Amoncellement des glaces. —
    Obstruction du lit du Rhin............... 149
Chapitre VIII. — Débarquement............... 159
Chapitre IX. — Arrivée en Hollande.......... 195
Chapitre X. — Rentrée en France............. 209
Chapitre XI. — But du récit................. 213

www.ingramcontent.com/pod-product-compliance
Lightning Source LLC
Chambersburg PA
CBHW071911160426
43198CB00011B/1261